J'AI TOUT ESSAYÉ

最好的教養，從正向面對情緒開始

父母最信賴的心理學家
教你如何不打不罵不怒吼
回應 1-5 歲孩子的
負面情緒和行為

伊莎貝爾・費歐沙 著
周昭均 譯

ISABELLE FILLIOZAT

獻給我親愛溫柔的艾力克，

還有我們最棒的兩個孩子：莎樂美和茱麗葉。

——**阿努珂**，本書插畫家——

獻給我的女兒瑪歌，

獻給我的兒子阿德里安，

你們日復一日讓我的生活精彩耀眼，

你們給了我好多自我質疑和思考的機會。

你們讓我學到好多！

真希望在你們小時候

我就已經知道我現在懂的這些事，

讓我在陪伴你們時能更貼近你們的需求。

——**伊莎貝爾**，本書作者——

「所有的大人都曾是小孩，

儘管很少人記得這件事。」

——**安東・德・聖修伯里**，《小王子》作者——

目錄

⑩ 設定界限

前言

來自作者——伊莎貝爾．費歐沙

我有兩個小孩。身為母親，在感到自己的內心和子女契合時，讓我感受到無比的幸福；而在更多的時候，我卻感到苦惱萬分：我無能為力，充滿疑惑和質疑，真希望有一本書能提供我資訊，告訴我孩子在某種狀況下可能經歷了什麼，好讓我知道該用什麼態度去面對。

我向來拒絕聽從那些優秀的諮商者太過快速的分析，像是「她只是一時任性」、「他想要擺佈你」、「你得讓他知道是誰在作主」……以我對兒童大腦的粗淺認識，讓我一面質疑孩子怎麼有能力想出這些策略？但也一面感到訝異，為何同一年齡的孩子竟會出現相似的行為？這其中，一定有什麼意義。

比如我們常聽聞的：兩歲的孩子幾乎都會有狂怒的行為；十八個月大的寶寶如果你不要他做某件事，他會直視你的雙眼偏偏做了這件事；十二歲的男孩大多不愛洗澡；十五歲的女孩會把家中（髒的）碗盤積在自己房間裡……這些令父母如此困擾的行為，能被解讀為與父母的權力之爭嗎？當一種行為似乎如此普遍，我還能將它解讀為一種衝著我來的手段嗎？

所以我的暫定假設是，孩子的行為，即使是最極端的，首先都是為了滿足他們自身成長的需要。在我看來，更深入瞭解孩子的動機才是基本該做的，因為我們的解讀（我們的理解）會指引我們的行為。

再來，我不僅在心理治療的診間每天都觀察到，也跟大家一樣在日常生活中發現到，傳統的教育模式並未真正證明自己的價值。在大多數成年人身上，你會發現自信、內心安全感與人際關係的和諧也不是那麼常見。然而，我希望我的孩子能擁有這些特質，我想幫助他們成為負責自主，在社會中感到自在的大人，而不是一想到要在人群面前說話就感到焦慮，或是只因為害怕警察而遵守交通規則的大人。

而在面對各種必然會出現的狀況時，我想採取真正有教育意義的態度。因此，我選擇思考，而不是以本能反應來行動。

我在本書中向各位傳達的正是這些思考的產物。它們不是祕訣，畢竟能每一次都「成功」用在孩子身上的教育祕訣並不存在！但在演講或廣播節目中，常常有父母針對他們認為自己所面臨的問題，向我詢問解決的「王道」。可是事實上，這道現成可用的解方並不存在！看一個問題永遠會有許多角度，因此，也永遠會有許多解決的方式。我們必須當心的是，那些對於親子關係衝突只看到「一種解決方法」的說教者。

曾經在一場講座，有位媽媽拿起麥克風發問：對一個生氣的三歲孩子該做何反應？孩子的行為——這裡指的是「生氣」——被定義為需要有所反應的問題，就彷彿這個孩子的怒氣每次都相同，而且沒有原因的都一樣。我們可以看出，她的這個問題預設了無論怒氣的源頭是什麼，都會有一種針對所有怒氣都有效的應對技巧。我們會在之後（第一章的〈父母的因素〉）看到，因為不瞭解自己的兒子在那個年紀可能會經歷什麼，這位媽媽已自行引發了她問我該如何反應的「怒氣」。讓人驚訝的是，你將會發現，那些你所責備的行為，有時可能就是你自己引起的——當然，是不自覺地。

其實答案一直都在那裡。自從我瞭解孩子與我之間發生了什麼之後，事實就一清二楚地擺在眼前。我是他們許多反抗行為的起因，他們的反應就跟所有人面對限制、面對命令時的反應一樣，他們體驗著跟大人、跟我自己一樣的情緒……改變了我對他們的態度後，我才能獲得那些若不這麼做、就會像濕肥皂一樣從我手中溜走的一切。那就像是一次啟示，也是我將在本書中提供給大家的想法。

此書的法文書名J'ai tout essayé意思是「我什麼都試過了」，這句話我聽過太多次了。它的意思是：為了抑制問題，我已用盡了我自動反應機制的所有能量。寫這本書對我來說，就是提出我們在面對困難時，能讓我們更清楚地先找出源頭，並且在情緒激動的當下，還能想到自己常常沒想到的解決方法選項——這樣的一本書，我相信對大家將會有所幫助。

來自繪者——阿努珂

我出生於一九七〇年，從可以拿筆開始，大部分的時間都在畫畫，所以接受高等藝術教育對我來說也像是顯而易見的。而後，有一天，我從畫紙中抬起頭來想看看四周發生了什麼，喔，不，是往更下面看……我要有小寶寶了！我的腦海中像煙火般爆出一堆疑問。因為我喜歡各類紙製品，就先投入書本中尋找答案：嬰兒是什麼？他說哪種語言？我們該由哪一邊抱他？他幾歲能剝蝦子？簡單來說，也就是身為父母，為了讓自己與寶寶的相遇及後續種種能完美展開而想知道的一切答案。

因為沒能找到所有的答案，我決定重新接受培訓。就這樣，我成為湯瑪士・高登博士（Dr. Thomas Gordon）「效能溝通法」的指導員和「覺察教養中心」認證的教師。這些額外知識真的讓我釐清了許多問題，而我的新家庭也在喜悅中迎來了莎樂美的妹妹出生，開啟了父母的新視野。

接著，我一鼓作氣又取得了心理動作治療師文憑。如今，我已有許多策略來替自己的問題找到答案。因為書本仍是我忠實的伴侶，有時候，我很能想像某則插圖悄悄溜進心理學書籍的書頁，替文字增加可讀性（我藝術性的那一面始終在注意著）。許多書頁相遇後，這個願望得以「圖」現！本書的插圖，可說是伊莎貝爾與我之間一場美好相遇的成果，這是另一種傳遞訊息的方法，是藉由我們兩人對於孩童階段的共同熱情，與希望孩子能在更和睦的家庭關係中充分發展的願望，以使讀者對此一階段有更好的理解和學習的圖像語言。

本書插圖呈現的概念

每一章出現的第一幅插圖，是讓讀者熟悉即將討論的主題情境圖。隨後的插圖，則是呈現父母的反應，或是親子互動時的各種狀況。關於父母的反應，我們特別關注到以下方面：

孩子的經歷

為了尊重性別平等，男孩和女孩會輪流出現。我們也會輪流使用「他」和「她」來達到平等。這個選擇可能會讓習慣由陽性代名詞主導的法語讀者感到困惑，但語言不是中性的，它傳達了我們的潛意識，並認可了刻板印象。我們覺得很重要的一點是：陽性不會永遠佔上風，而且比起固定加上陰性結尾（e）給閱讀添加負擔，我們選擇輪流使用陰、陽性。當然，小男孩帶來的訊息會與小女孩有關聯，反之亦然。

這顆LED燈泡圖示，則是從神經科學與實驗心理學研究成果的角度來闡明狀況。

伊莎貝爾介紹正向教養的選項，阿努珂則用插畫速寫呈現一種狀況，一個選項。這種簡化只是為了教學目的。但很顯然的，面對每一種狀況都有許多選項可以考慮。

千萬別「完全相信」我們！這本書呈現的不是「真理」。每個人要自己觀察、感受、實驗。

或許有些正向教養的建議，在你眼中太過簡單和理想化。這是因為我們都太習慣於家庭衝突而覺得它們是正常的，也太習慣於孩子的不合作，因此當有人告訴你「正向教養不僅可行，而且還很容易做到」時，你必然感到猶豫，也不知道是否該相信。這就像當我們使勁全力想推開一扇門，卻發現只要輕輕一拉就能打開時，可能會讓人感到疑惑且不可思議——本書的意旨也在此，就是跟讀者分析開門的方向，而不是教你用力硬闖。

本書處理的情緒問題，有些雖然已經在《孩子的心靈情感》[1]一書中探討過了。但是在這裡，我們也想同時專注於孩子那些尤其令父母生氣的行為。那真的是任性嗎？孩子怎麼了？從第一章起，就將討論這些賦予本書整體基調的問題。孩子的教育首先是一種親子關係，重視這一點永遠是優先要務。不良的親子關係會導致從攻擊性到學業成績不佳等各種症狀。反之，好的關係能讓我們面對困難，一起克服障礙。然而，我們太容易忘記這項優先要務。維持親子關係並不代表為了讓孩子愛我們而「縱容」孩子的一切。每個孩子的基本需求都是感覺到自己被愛。你會告訴我：「這很明顯。」沒錯，但對幼兒來說，在日常生活中，卻沒有這麼簡單。即使他是被愛的，他仍可以找到成千上萬覺得自己不被愛的理由。我們將會看到該如何填滿小寶貝愛的庫存及培養他們的安全感。這份安全感將是我們建構教育的基礎。

通常人們會以欠缺關愛來解讀一切，這也比較容易，但事實上，孩子的行為還有許多其他原因，像是壓力過大、刺激過剩、無聊或單純的心理需求。我們將探討其他這些危機因子。

此外，面對同樣的聲音，一個嬰兒會哭，另一個會睜大雙眼……對其中一個來說是恐懼，對另一個來說則是好奇的對象……當嬰兒來到這個世界時，已經有九個月的生命，有九個月的經歷了。就如同沒有父母是相似的，每個人也都有自己的歷史、需求和目標，也有自己的極限，並且根據其年齡、荷爾蒙，以及決定能有多少時間陪伴孩子的社經地位而不同。同樣的，也沒有任何的親子關係會與他人的相似，因為每一次的經歷都發生在兩個不同的人身上和特定的環境中。因此，要由每個人自己去創造與孩子的關係。雖然如此，但我們畢竟都是人類，而相較於成人的大腦，兩歲孩子之間的大腦相似度將會比較高。我們很清楚孩子不是縮小版的大人，但必須承認，我們卻常常指責他們的行為處事不像大人！孩子許多令人費解的反應其實是來自於錯誤的解讀。因為孩子的大腦還在發展，他看事情、理解事情的方式跟我們不全然相同。許多衝突、無用的處罰和父母的惱怒都是因為不瞭解此事而起。總之，會有親子戰爭只是因為父母對孩子有所期望。從孩子的年齡來看，這些期望是否實際？一個小男孩說謊了……在他兩歲的時候和四歲的時候，我們可以用同樣的方式應對

1. 此為暫譯書名，原文書名為Au cœur des émotions de l'enfant。

嗎？讓我們一起思考，一起調整我們的態度，找到能回應「我們自己的孩子」特殊需求的教育方式，而不是回應一個假想中的孩子！

接著到第二章，我們將會面對寶寶從一歲到一歲半的發展歷程。第三章會專注在一歲半到兩歲孩子的任性、反抗和怒氣上。第四章能讓我們探索兩歲到兩歲半孩子的世界。在第五章，我們將會發現兩歲半到三歲寶寶的自我宇宙。第六章中，我們會看到如何面對三歲到三歲半孩子的違抗。在三歲半到四歲之間，孩子會面對新的恐懼，我們將在第七章討論。四歲的孩子已經是另一個人，蠻不講理、說謊，會害怕和做惡夢，第八章將專注在他們身上。第九章則會討論四歲半到五歲的階段，對父母來說，最可怕的時期已經過去了。

有些孩子九個月大開始走路，有些則在十八個月大時才開始。有些在一歲十個月就能運用相當有組織的語言，有些則到三歲才會開始運用句子表達。在成長的每個領域，個體之間的變化是自然的，並非病態。

寫一本書難免要面對一概而論的窘境，但概論總是錯誤的，因為它並未考慮到個體的特殊性。不過在我看來，概論也是有其用處，它能讓我們做父母的，不再期待不符合孩子年齡的行為，也能更瞭解孩子的反應。為了不讓文字變得累贅，我們不會把每個句子都加上「有時候」和「偶爾會……」，而是等你自己加上去！同樣的，我們也會盡可能避免反覆重述。但是，孩子許多反應可能會一再出現在不同的年紀，因此我們要請你閱覽全書，在當中找到你的孩子，即便他已經「超過」某個年紀。

就像我們有些人是「夜貓族」或「早鳥族」，也或多或少會對噪音或味道敏感一樣，每個孩子都有他自己的節奏、自己的感性和發展步調。你十五個月大的孩子不怕生，或是從來不會突然哭鬧，這都沒什麼不正常！這些行為雖然是正常的，卻不代表它們必然會出現，而是它們「很有可能」會表現出來。此外，如果說孩子的大腦不會在生日當天一百八十度大改變，它同樣也不是持續發展，而似乎是以正弦波形的方式發展。舉例來說，這表示在十四個月大時習得的，可能會在十七個月大時遭到質疑。孩子的大腦經常在重鑄。每一個重要的重整階段都明顯地伴隨著退步、混亂和焦慮。

讀這本書可能會讓人以為孩子只是麻煩，但事實上遠遠不是這樣。與孩子相處的生活天天都是樂趣，或者，能讓很多事情變成樂趣。我們之所以專注在有問題的情況上，是因為它們破壞親子關係，既損害孩子的生活，也損害作為父母與作為伴侶的生活！

許多父母深信懲罰是必要的，而且可以是正確的。對某些父母來說，打耳光和打屁股是正常教育手段的一部分。儘管他們的做法缺乏成效，但要重新審視這些信念卻不容易，一方面是因為好幾個世紀以來，它們獲得大多數父母的認同，另一方面是因為在多數父母的概念中，其他方法都需要一點時間和平心靜氣。因為人們以前對大腦瞭解甚少，我們的祖先和父母便相信了恐懼教育的無害性。其實腦部影像和我們對神經元、壓力荷爾蒙、智力與記憶的認識都明確地告訴我們，選擇一種非暴力的教育方式相當迫切需要；除了情感上的後遺症，心理層面的後果也已不容質疑。

研究人員已經證明，教養態度不全然來自於理性的思考，而是個人經歷的反應。往往，我們強烈的情緒反應讓我們無法成為自己心中理想的父母，甚至讓我們無法充分地客觀思考。我在《最好的教養，從面對真實自我開始》一書中帶讀者面對了我們自己的童年經驗對教養風格的影響，以及尋求如何擺脫它們的方法。而在本書中，我們將討論另一個角度，也就是從孩子的大腦發育來理解他的行為。

很多教養專家會提出「設立界限」的做法，卻令許多父母感到不知所措。對，要設立界限，但具體該怎麼做？你將會在第十章找到祕訣，就是讓界限成為疏導管道與保護，而不是限制，尤其還要能讓它們被遵守！

比如孩子會一直吵架，那麼面對不斷的衝突該怎麼做？我們可以把一切都怪罪給嫉妒嗎？別再因為沒有給每個孩子一樣多的愛而內疚了，事實上有其他的動機在產生作用，而且孩子需要的是具體和實際的協助，不是我們的罪惡感，也不是說教。這將是第十一章的主題。

第十二章會先介紹解決問題的八個步驟，之後提出一個問題作結：真的有這麼嚴重嗎？誇大困難、和我們太常表現出的誇張，像是「如果你不收書包，你的高中會考就會失敗」，這不僅讓我們失去權威，也會在日常生活中改變我們與孩子的關係——總而言之，孩子是我們在世界上最珍愛的人！

1

小孩，比綠色植物還麻煩！

在我為你做了一切後，
這就是你感謝我的方法！
你掉葉子，你毫無章法地亂長！
你等著瞧吧，我會讓你沒有肥料和陽光。
你去樓梯下面反省。
讓我們看看這裡是誰作主！！

當你的無花果樹葉子枯黃掉落，你不會認為它是故意要整你，或是想讓你成為糟糕的園丁。你會把植物的「態度」解讀為一道訊息：水、陽光、肥料太多或不足……無論是缺乏或過量，你會試著瞭解發生了什麼。

一個孩子（明顯地）比綠色植物複雜多了，但並未比較難懂。他表面的任性展現了他的需求——缺乏或過量。如果他的態度不是挑釁，而是後果、回應或反應呢？但我們有時也會把自然正常的事解讀成問題。其實，你根本不需要每到秋天就為院子裡的樹會落葉或是你四歲的孩子討厭輸而感到驚慌！

什麼是任性？

在大部分的父母眼中，孩子都有任性的時候。提奧不願意喝藍色杯子裡的水，茱莉不想換衣服出門，安東只讓媽媽幫他洗澡……他們真的讓我們發瘋！

那真的是「胡鬧」嗎？這些總之非常典型的態度，是「任性」，也就是一些無聊的要求嗎？或者，考慮到大腦的演進，這些是可以理解的行為？三歲小莉雅的愛哭讓我們惱火，那或許只是後果，而不是莉雅故意的。

然而，我們卻一直以為這是孩子想要控制我們的意圖：「你看看他是怎麼一邊看著我的眼睛，一邊搗蛋的！」唉！但你知道嗎，被我們當作證據的事，很可能有完全不同的起因。

你想要有冷靜、安靜、乖巧、從不哭、從不叫的孩子?這是不可能的。但如果你想要消滅任性?這是可能的!

發生了什麼事?

沒錯，確實發生了什麼。孩子會如此反應並非偶然，也不是因為想找麻煩。所以，在生氣之前，讓我們先大聲問問他也問問自己:「發生了什麼事?」把這句話說出來能幫助我們抑制慣常的衝動。

唯一可確定的是，孩子既不是要對父母設下陷阱，也不是要測試父母。他們就只是沒有足夠的智力而已。

我們會在本書中一直看到:事實上，「任性」是兒童大腦對太過複雜的狀況做出的回應。

所以，讓我們一起探討對兒童來說，可能發生了什麼事。

那是任性嗎？一個能讓我們心裡有數的測試

要確定孩子是不是在耍你，可以做個簡單的測試：在小孩的玩具裡，很可能會有上面有洞的盒子或板子，洞裡可以塞進對應的形狀。向他指出兩個洞，例如三角形和圓形的洞，並給他一塊形狀積木，例如三角形。

然後，問他這個形狀積木要放進哪個洞。一歲八個月大的孩子大部分都會隨機選擇。到了三歲四個月大時，在百分之八十五的狀況中，孩子會把三角形放入正確的洞裡。但即使在這個年紀，也不一定每次都做得正確。要到四歲之後，絕大部分的孩子才會每次都正確。因為，要完成這個任務，需要能在頭腦中同時保存三項物件。

只要孩子在試著讓形狀塞進洞中時需要實際測試，而且無法用口頭告訴你哪個形狀要對上哪個洞，那他就完全無法做出任性的行為。

孩子的情感庫存是否充沛？

媽媽，
你愛我嗎？
刷刷
我當然愛你啊！
這個問題是從
哪冒出來的？
刷刷

叮鈴鈴
叮鈴鈴
!
哼！對啦，但你根本不關心我。
你停止洗碗是因為電話，
不是因為我。
電話比我
還重要！

⊙ 愛的話語

如果不是馬上有空，請好好地看著她說，就能讓孩子願意等待了。

這個問題很重要。
我洗完碗之後回答你。

我喜歡跟你一起生活。每次
我看著你，就覺得內心充滿
幸福！沒錯，我愛你！

答覆是很重要的。

但也要聆聽：這份質疑從何而來？

有時候，你覺得我不愛你嗎？
告訴我，是看到什麼讓你有時候覺得我不愛你？

「我愛你／我喜歡看你長大／我喜歡跟你一起生活／有你這個兒子（女兒）我很幸福……」這些都是有益的話。

⊙共度時光

嗨，吉爾！好，我陪你玩。再等我一下我就過去。我有兩三件事情要做，做完就去陪你。
爸爸，陪我玩？

爸爸？

爸爸！
好，好！不要吵我！
噠噠噠

爸爸，現在可以一起玩嗎？
好，晚一點！

你為什麼不去問媽媽能不能陪你玩？
或許他「晚一點」會來陪我玩。

我睡不著。

當孩子的接觸需求沒有被充分滿足時，他的**大腦迴路會有所欠缺**。突然暴怒、為一點小事就哭、極端的行為都是**神經系統焦慮**的表現。請對彼此說「我愛你」、擁抱或一起玩，為體內補足催產素（Ocytocine）這種**幸福荷爾蒙**。孩子和父母都會感到充實、幸福和滿足。

嗨，吉爾。
好，給我十分鐘。
爸爸，
陪我玩？

哇！我們蓋了
好棒的城堡！
對啊！
好棒的搭檔！

空出專屬於孩子的時間，就算每天只有十分鐘也好，以關愛與溫柔滋養他，這肯定會讓你的夜晚比較平靜！

⊙觸摸、親吻、愛撫、擁抱……身體接觸

你的孩子不喜歡親吻？這或許只是她在回應你的緊張，反映了你兒時所欠缺的部分。

你有愛的權利，有給予和接受溫柔的權利。她和你、和所有人類，都需要催產素這種在身體接觸時釋放出來，讓人放鬆，給予安全感和幸福感的美妙荷爾蒙。

在體驗到你對她的愛時，你可以讓這種在胸口的感覺往身體其他部分發散。然後，把你的手放在她的手上。聆聽、感受、接收，在你的手心接納孩子的生命。

讓這份愛在你的手中呼吸，然後想像你讓她的氣息穿透進你的體內……直到你的心裡。

不過，並非一切行為都是缺愛的表現……

一到三歲小孩的突然哭鬧，可能與他們的生理狀態有直接關聯。

近幾年來，我們常把一切都「心理化」，把任何一

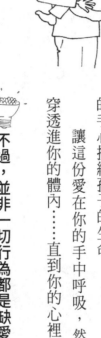

點點的偏差行為都解讀成要求關注、抵抗、爭奪控制權，但實情常常簡單得多。

飢餓會改變大腦中的血糖含量；口渴、睡眠不足、穿太多、想大小便、刺激過多和缺乏運動，也都會讓大腦和身體中瀰漫壓力荷爾蒙。

突然哭鬧和其他情緒風暴

你總是什麼都想要！
別再胡鬧，不然我要
打屁股！
我要這個！

媽媽，我的頭腦和身體正經歷一場風暴。我甚至沒聽到你在跟我說話。如果你打我屁股，我會叫得更大聲，或著，我會因為嚇壞了而閉嘴。你或許會以為你打屁股是有效的，但我只是因為壓力而呆住。我不需要更多的害怕和壓力。

你為什麼這麼生氣？你為什麼生我的氣？媽媽，如果要停止這場風暴，我需要你。我越哭越大聲是想要你幫我……不要因為我抓狂而丟下我……有太多事情要聽、要看、要感覺的時候，我的頭腦不知道該怎麼辦……啊！有糖果！拿糖果就是大腦又開始運作，知道該怎麼辦了。

當你又從我手上拿走糖果，我的頭腦困惑了。我不是故意的，壓力荷爾蒙瀰漫我的身體，我的運動神經元排出壓力，然後我大叫、大哭、在地上滾、用頭敲地板……有時候，我可以「忍」到回家之後，在只有我一個人擁有你的時候爆發。但有時候，我做不到。

孩子的神經系統超載時，會啟動這種排出累積壓力的反應，英語使用者給了這種反應一個能反映狀況的名字：tantrum（鬧脾氣）。你要他平靜下來，但**這種「突然哭鬧」就是他平靜下來的方式**。在這之後，孩子會馬上放鬆、露出笑容，這有時候會讓父母吃驚，把這些解讀為只是一場「鬧劇」。

「讓步／不讓步」的選擇是個陷阱。在這兩種狀況下，孩子的需求都被否定了。一間超市很快就會讓小孩的能力滿載。那裡有太多色彩、物品和聲音，更別提環境中的緊張、大人的煩躁，甚至還有……他必須坐在推車上時動彈不得的狀態。

孩子的大腦接收了成千上萬的感官刺激，但他並不需要，因此也無從挑選和組織這些讓他的神經元興奮的刺激。他試著讓自己平靜下來，想找到可依據的東西，找到讓自己可以專注在一個點上的機會……想要糖果是孩子在面對過多刺激時，試圖重新掌握狀況的方式。

我們以發怒來要求孩子平靜下來，是很矛盾的；事實上，以我們自己的自律神經系統來包容他比較有效。溫柔堅定地攔住他會使催產素開始分泌，這種荷爾蒙能幫助他平靜下來，並發展神經元間的溝通路徑，這能夠一輩子幫助他管理情緒。

你受不了了，我知道……我不會讓你弄痛自己和弄痛我。
不要！

媽媽，當我突然哭鬧時，面對這陣向我襲來、令我害怕的神經風暴，我需要的只是被攔住、安撫和感到安心。如果在我大叫的時候你溫柔堅定地抓住我，這會對我有幫助。就算我大力掙扎，也請好好抓住我。媽媽，拜託你，不要買糖果給我，而是教我引導我的大腦。

我負責番茄，你呢，負責把紅蘿蔔放到這個紙袋裡。

為了避免得買太多糖果，最好有預防措施：在各種新環境或充滿吸引力的環境，像是車站、商店街、園遊會、家族聚會……等等的活動中，交給孩子一項任務——當然，要符合她的能力——能幫助她集中注意力。她的大腦會分泌多巴胺，也就是動力、自發行動的荷爾蒙。這種荷爾蒙會減輕壓力，抑制恐懼和憤怒的系統。

四歲時，她能記住一項目標約十幾分鐘，但在此之前她做不到。因此，對於年齡更小的孩子，常常提醒她執行什麼任務是有幫助的——或是評論她的行動（當然，是正面的評論）也是不錯的主意：

「嗯！你選了這顆柳橙，它會進到袋子裡。再選一個吧……」

到頭來，給予孩子這些時間和這份關注會讓你省下無可限量的時間！還有額外的好處是，不必又在眾人面前處理抓狂和眼淚……

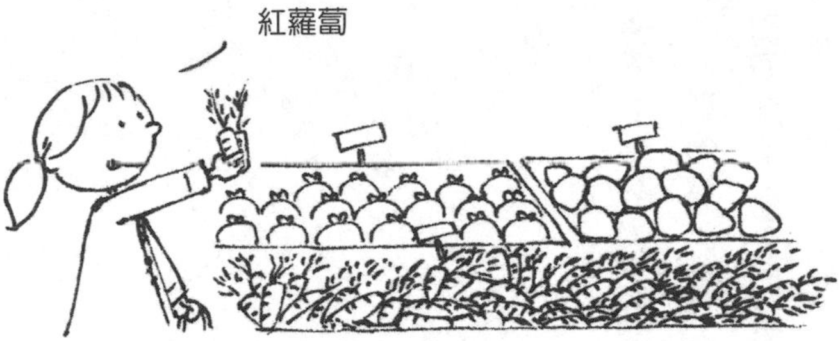

在挑選柳橙或紅蘿蔔的時候，我覺得自己是大人，而且我的頭腦也忙著工作……你開心，我也不必再有那些讓我害怕和痛苦的突發情緒！

她總是動來動去

許多大人把孩子對活動的需求解讀為尋求關注或是不服從的表徵。如果說孩子有時真的是在尋求關注，那麼她通常……只是需要**活動！**

在排隊的隊伍、塞車的車陣或餐廳中保持不動，或更糟糕的，在火車上待三小時不動，其實超出了二到六歲孩子的神經元能力。

一個經常動來動去的孩子未必需要「平靜」下來，而是需要其他方式來引導她的精力。因為動來動去而懲罰她，對她的大腦和心理平衡都是有害無益的。給她一個目標、讓她去做一件事，將能更有效地供給她的大腦需求。

空間的大腦很快就會找到一件你不一定喜歡的事情做……交給她一項符合她程度的任務，將能幫助大腦連接額葉區與聯合區。

他在椅子上搖來晃去

在椅子上搖來晃去的孩子，未必是在尋求關注或藐視你。

透過搖晃，孩子會刺激自己的內耳，也就是平衡感的中樞。有時，他這麼做是在玩，也就是在無聊的時候自我刺激，但也有可能是因為它的大腦需要藉此來建立平衡系統的連結。如果你要求他靜止不動會產生壓力，這些壓力很可能會爆發成不受控的行為。

你也可以提供他不同的搖動方式（盪鞦韆、讓他閉上眼睛坐在電腦椅上，推他旋轉……）將能幫助他。如果經常搖晃的行為一直存在，最好去看醫生，而不是責罵他。

同樣的，在其他孩子都已經停止吸吮助眠玩偶或自己大拇指的年齡後，有些孩子會繼續這麼做，這不是因為情感或情緒的需求，而是他們需要運用自己的吸吮反射和刺激顎部。

面對這狀況，比起懲罰，還不如去找精湛的齒顎矯正師看診，將更能有效地解決問題。

總結一下

他哭，他突然鬧脾氣，是他的行為不適當嗎？

● 那是：

尋求刺激：引導他的行動，讓他能在適當的行為中，找到他需要的刺激。

呼喚的行為：找出並滿足他的需求。如果不能馬上滿足他，請說出他的需求。

發洩壓力：接納他們的哭吼，抑制可能會讓他受傷的失序行動，並且吸收他的壓力，恢復他內心的平靜。

● 以上皆非？那可能是：

對我們不適當態度的反應

或是

他那個年紀的正常行為！

父母的因素

火車上，一位媽媽向沒有提出任何要求的兩歲半女兒承諾：「等我們回家，我買可頌給你。」當然，幾分鐘之後，小女孩問道：「我的可頌在哪裡？」她的媽媽在先前自行喚醒了她的慾望，然而孩子還沒有預期的能力，也就是還不能設想未來的自己，以及在心中想像回家路上的麵包店。

當激烈的反抗或哭泣不是單純的宣洩或尋求關注時，那有可能是對我們試圖控制他們的反應。

我們的孩子只是試著長大而已。之後，我們將會看到命令、沒有表達清楚的禁止和其他不適合孩子年齡的要求所帶來的衝擊。

回到演講時那位媽媽問的問題：如何面對三歲孩子的怒氣？

我當然沒辦法回答這樣籠統的問題，所以我問她：「怒氣是什麼引發的？」這位媽媽難以說明清楚：

「就是怒氣……」

怒氣對她來說似乎是個問題，然而，那是一種反應；有某件事情引發了怒氣。當然，察覺到是自己引發了孩子的怒氣並不好受，所以我要她想想兒子最近一次生氣的例子。

「我不願意給他糖果。」

我又再次要她說明清楚：在哪種特定狀況下？這時，她才向大家道來：

「為了拿到放在櫃子上層的糖果罐，他爬到椅子上，之後又爬上工作梯。」

情景一下子就清楚了！看看我們所有人（不只是那位女士）有多麼習於專注在面對後果（這裡是生氣）時「該怎麼做」上面，而沒發現在此之前，我們能有不同的反應。孩子真的是因為媽媽不給他糖果而生氣嗎？

讓我們分析一下情況。孩子三歲。櫥櫃高處有一個顯眼的糖果罐，有一張工作梯和一張椅子靠著櫥櫃……

我請在場聽眾說出三歲小孩的主要需求。他們已經懂了，於是笑著齊聲回答我：

「體驗自己的能力！」

沒錯，孩子試著拿到糖果；我們大人的腦袋因為專注在內容、目標上……只看得到這件事，但孩子主要是對身體技能感興趣。

媽媽沒發現，糖果罐只是孩子為了讓自己的舉動有目的而替自己設定的目標，但更重要的是他想活動他的身體。

瞭解孩子的舉動後，可能可以這樣回應：

「哇！你成功爬到那裡，幾乎就要拿到糖果罐了，我好佩服！太棒了！你有糖果當獎品了！你把罐子拿下來，我幫你拿著，讓你可以選一顆在晚餐後吃。在你可以吃糖果之前，你想把它放在哪裡？放在廚房的桌子上還是你的小箱子裡面？或是你想要我幫你保管到晚上？」

這樣，我們不必再回應怒氣的問題，因為不再有怒氣了。

這時候，那位媽媽說話了：

「但我也不希望他在晚餐時一直想著等下要吃糖果！」

如果她不想要孩子覬覦糖果，為什麼要把糖果罐那麼顯眼地放在櫥櫃最上方呢？這對三歲孩子的大腦而言是真真切切的煽動！然後，孩子竟被說成是在挑釁父母！

這符合他的年紀！

專制的父母常會把孩子令人生氣或過分的行為解讀為不情不願、蠻不講理，甚至不良習性的展現。

另一方面，放任的父母則會假想孩子有創傷，並因為自己曾是差勁的父母而感到罪惡。如果有其他原因呢？

一歲三個月大時，寶寶看著媽媽的眼睛，做她剛剛才不准他做的事，三歲時孩子會怕黑、四歲時會說謊，沒錯，這些都不是能輕鬆面對的行為，但卻是**自然且正常的！**

一歲的小寶寶可以毫無問題地在爸爸懷裡下海玩水，到三歲時，她嚇壞了……大腦並非以線性方式發展，而是會接連重組。這代表著看起來在某一個年齡時習得的，可能會在另一個年齡時被質疑，因為神經元的路徑經過重建。

當你很想對你一歲的寶寶生氣時，請記得在他的大腦裡，每秒產生一百萬個突觸[2]！這是一項值得尊敬的工作。想像他的大腦正在建構，將能幫助你不至崩潰。

請深呼吸……

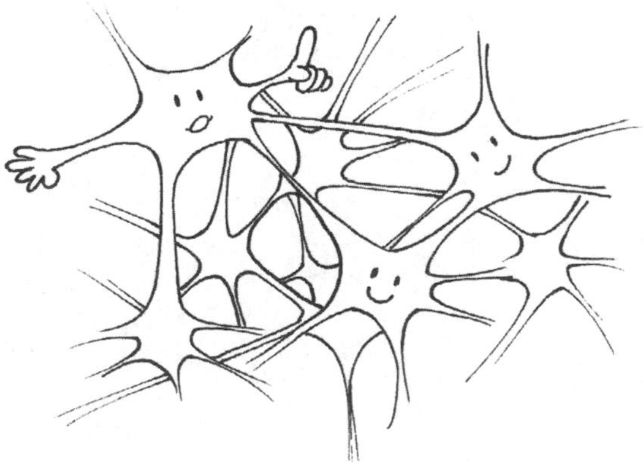

2 突觸：神經元樹突尾端的小顆粒，可以讓一個神經元與其他神經元聯繫。

2

一歲到一歲半：父母說「不」的時期

當小小孩開始蹣跚學步和東摸西摸，
父母會比孩子更早進入說「不」的時期！

我可以咬我的長頸鹿，那為什麼不能咬這個我剛剛在地上找到的東西？通常，你會鼓勵我去壓、去拉、去拿……那你為什麼生氣？我完全搞不懂，我只是在做我當寶寶的工作。

你用生氣的口氣說「不行」時，我看著你。你的頭從左擺到右，又從右擺到左……所以我有樣學樣。然後我跟著你說「不行」。你看起來很滿意。所以，在跟你的良好交流後，我繼續我的探索工作。就在此刻，你開始大吼！那讓我害怕，再加上我搞不懂你在說什麼，我覺得自己很糟糕。

一歲的寶寶會東摸西摸，既不知道危險，也不知道什麼能摸，什麼不能摸。

在我們看來，我們設下的界限是很明顯的。但對小小孩來說遠非如此，他要到接近四、五歲時才能瞭解界限的意義。所以他會在動作的時候專注地看著我們……然後我們把這當成冒犯無禮！

●說「停」而不是「不行」

最好說「停」這個字，更有效也比較不模糊。在你說「不行」時，常常是以一種責備的語氣，還會皺起眉頭。但在說「停」時，你會睜開眼睛，你語帶命令而不是指責，你是在打斷一個動作。

通常，在觸摸一件新的物品前，這個年紀的孩子會尋求父母的目光和許可，這正是說「停」的時機。然後，請用簡單的字詞來說明禁令，但不要期待他能全部記住！

也請注意當你笑著說「不行，不行，不行」時，所傳達出可能會模糊字意的訊息。

不行！

停

親身介入

我喜歡你示範給我看，我能學習，我很喜歡這樣！現在開始，我會知道怎麼對待那棵植物。

一歲時，孩子完全無法掌握規則的概念，更別說要遵守了……一開始，最好先製造安全的環境，把易碎物品放在高處，好讓他能玩弄他可觸及的所有物品。他朝錯誤的方向去？糟糕！從這邊比較好……抓住他，重新引導他，指引他的動作，以這種方式將指令刻畫到他的身體中會比口頭命令更有效。而且，比起一件特定的物品，孩子總是對運用自己的身體更感興趣。

她無視規則，既不遵守界限，也不遵守禁令！

三歲時，規則只是一些字詞，跟它們規範的行為沒有具體關聯！

1 她還無法建立概念

沒錯，她已經懂很多事了，但不包含概論與概念。然而，規則必然是一種概論。例如，她聽懂「不能咬人」的每個字，或許還能複述，但別認為這可以落實在她正對著妹妹做的事情上。

她看起來後悔或像做錯事被逮個正著？那只是因為你皺了眉頭或大聲說話。她甚至連錯誤的觀念都不懂。反之，她一點都不喜歡看到你生氣，所以，本著科學精神，她可能會馬上重複剛剛的經歷，好確認並瞭解你的反應。

2 他還無法在腦海裡記住字詞

一歲到一歲三個月間，大腦額葉腦迴中的突觸數量增加，讓寶寶能記住字詞的外顯記憶開始發展。不過，他雖然開始瞭解字詞，卻還無法把它們長時間記在腦海中。他對剛剛發生的事情有了一些意識，但就只有剛剛發生的事而已！而且他的大腦無法同時記住兩項資訊或想法。如果你希望他有所行動，請一次只下一個指令！

3 她還沒有克制自己動作的能力

在未滿四歲孩子的大腦中，衝動區（行動、朝向某處）和抑制區（克制自己行動、阻止）的連結尚未完善！

以下的實驗可以證實這種狀況：爸爸拿起一把鑰匙。一歲三個月大的莉雅在爸爸手中找鑰匙。然後，就在莉雅面前，爸爸把鑰匙放到座墊下。莉雅繼續在爸爸手中找鑰匙，而不是在座墊下找！然而，心理學研究人員已經證明，莉雅知道鑰匙在座墊下，但她卻繼續在她一開始發現鑰匙的地方找！她其實是追隨自己手部的衝動，而不是眼睛告訴她的訊息；她甚至還無法抑制自己就像第一次那樣伸出手的衝動。要到一歲半，她才會在座墊下找鑰匙。

4 探索自己新的能力是他的優先任務

他從高腳餐椅上鬆手丟下湯匙，等著你撿起來，然後再次丟下去。拿東西是一種反射動作（抓握反射），但鬆手卻一定是有意識的。孩子的大腦不久前才剛能讓他命令自己把手放開。他在實驗！

寶寶丟下湯匙，他的大腦記住了為了讓這個動作成功所啟動的神經元網絡。等他手上又有湯匙時，在他的大腦裡，同樣的神經元網絡再次啟動，推動了鬆手的舉動……而就如同我們之前看過的，他無法抑制自己的舉動……這個歸根究柢來說不是遊戲的「遊戲」會持續下去，直到父母崩潰為止！

我們來做個實驗：
不要想長頸鹿。
你在跟我唱反調！
我跟你說不要想
長頸鹿！

5 他的大腦還不能好好處理否定句

父母在禁止孩子時所說的話，反而會像給了一道指令：所以孩子會把「不要吃這顆糖果」理解成「吃糖果」的命令，並為了不讓你生氣而迅速服從……

理解否定句需要兩項心理活動：先是喚起，也就是建立心像[3]，接下來則是否定這個表徵；但是小小孩的心智無法像這樣應付自如。

這就像重新拿出挖了圓形、方形、三角形……等形狀的有洞盒子，以及可以放進洞裡的相對應形狀積木……如果你要孩子用語言告訴你三角形要放進哪個洞裡，他會朝盒子伸手。他需要親身靠近洞的形狀，並試著把積木放進去——所以，問問他三角形「不能」放進哪個洞裡……試試看，你會信服的！

3 指的是我們長期記憶中具備大量感（知）覺訊息內容的記憶形態。

喵
哇！
有貓咪！
安東，
不能跑到
馬路上！

安東！
我說了不能
過去！

告訴他能做什麼，而不是你不希望他做什麼。你這麼做會讓他輕鬆一點。此外，他只活在當下，不必認為他會記得很久。

而且再一次地，即便他想讓你開心，他還無法只靠自己的決定來抑制衝動。

● 她在做的就是我剛剛才不准她做的事情，而且她還直視著我做！

你到底想幹嘛？我剛剛才跟你說不要碰，但你還是碰了！
?

不公平！你跟我說不要碰，我馬上就試了啊……

我好好地看著你，想確定這是不是你要我做的事。我馬上就做了。

媽媽，你為什麼大吼？我做錯了什麼嗎？我覺得自己很糟糕。

兩歲前，孩子的智力主要是「感覺—動作」型的，也就是要透過身體的感覺與動作來運作。

之所以做出被禁止的動作，是他利用自己的「感覺—動作」智力來吸收口頭的指令，就像是用身體複誦一次指令一樣！

停！對，寶貝，這就是我不准你做的事情。現在，讓這個櫃子繼續關著。

他什麼都要，馬上就要！

未滿兩歲的孩子無法想像未來。「馬上」、「再十分鐘」就是永無止境，他尚未習得能讓他理解這些相對時長的時間指標。知道了這點，你會更理解他表現出來的急躁！

爸爸，
我肚子餓。

你總是什麼都要，
馬上就要。
你等一下！
哇哇！

孩子不需要我們馬上給他全部，而是需要我們迅速地讓他們知道我們聽到了。當我們不回應他們，或懲罰他們要求的行為時，他們會因生氣而哭或退縮。我們責怪他們不知變通，但他們的大腦還無法讓他們看淡事情。

你肚子餓了。
來，這根小黃瓜給你。

哇！我知道你餓了。
我做完這個就給你吃。

血糖下降會引發攻擊性或無法控制的大哭……

飯前吃一小塊蘋果或許違背你的原則，但卻可以避免因為血糖下降造成的情緒不穩定……為了教他要有耐心，可以給他一根小黃瓜、讓他在你旁邊做一件事，或給他一點關注！

這種迅速的互動，反而能讓他學習面對挫折。

●他指東指西，總是什麼都想要！

他伸手指著空中的鳥兒或書上的長頸鹿時，你不會認為他想要那隻鳥或那隻長頸鹿。再說，你自己也用手指著東西來說明：「看，這是栗子，這是核桃。」

當他伸手指著蛋糕或櫥窗裡的絨毛熊，為什麼一定要解讀成「想要」呢？這反而是：她認出它們了！他應當得到和認出書中的長頸鹿時一樣的讚賞！如果你對他說不，他會堅持下去，因為面對許多不解而開始哭泣。而你則會更加確信他為了得到絨毛熊而突然哭鬧……請注意惡性循環，它很快就會形成。

如果他在手勢之外還加上了話語，喊著「我要」呢？我們會在之後（第五章的〈我想要！〉）更詳細地討論，因為直到兩歲半情況還會如此，他無法分辨意向、渴望、要求和指定。「我要」是他的萬用語！

對，
那是熊熊，
它很好看！
麗拉玩具店

你總是
什麼都要！
想都別想！
麗拉玩具店

她跌倒了，在哭之前，她先看了我

媽媽，我好痛。會不會有危險？我怎麼了？

她哭是因為你在現場，也因為她服從了你憂心忡忡的表情。充滿信任的眼神和微笑能鼓勵她，也能幫她自己站起來，除非她很痛。

如果她在哭，這是教她一些感覺用語的時機，像是「喔！你的膝蓋好紅，會刺痛喔！」「這是擦傷，會熱熱的！」

她會哭不是因為她看到你在看著她，畢竟她還沒擁有這種分析能力。你的孩子是哺乳類，當然現場並無獵食者存在，孩子對此也無所知，但是整個面對不安的反應程序已刻畫在她的大腦迴路中。所有的哺乳類在高聲表現出焦慮前，都會先看媽媽在不在：媽媽不在時，最好不要過度表現出來；而媽媽（等同於安全）回來時，我們可以釋放累積的壓力。當你的小寶貝晚上跟你在一起時令人難以忍受，但在托兒所時卻完全安然無事，這也是相同的程序在作用。她忍受了經歷的壓力，但

什麼都沒表現出來，直到你來了才「崩潰」。而對於那些覺得孩子只把最糟糕的留給自己，或是認為自己是壞母親（尤其當爸爸又雪上加霜地說：「你看，跟我在一起的時候就都沒事！」）的媽媽來說，這並不好受。

哭泣和生氣有時候（常常）只是在向無條件的愛的來源——媽媽——發洩壓力。這種行為還會持續多年，**當你家的青少年對你怒吼時，請想想這一點。別忘了，你之所以是孩子痛苦的特殊接收者，並不是因為你沒有權威（有時候爸爸或你自己的母親會往「沒有權威」解釋），而是因為孩子和你在一起時有安全感。**

我一離開她就大叫

在車站、機場或熙來攘往的街道上，當你轉身稍微走遠，她便開始嚎啕大哭，即使她還牽著爸爸的手。她的反應跟缺愛一點關係都沒有。在這個年紀，她喜歡玩「哈囉！是我」，但還不喜歡玩躲貓貓。當你在她的眼前消失，壓力荷爾蒙會立刻向她襲來。她的哺乳類反應是天生的。分離焦慮在七到十二個月大之間開始，在十到十五個月大時達到高峰，在三歲到三歲半之間減少。兩歲半時，孩子的腦海中能保有父母的形象，但還不太穩固，而且會在有壓力的情況中消失。

孩子要到臨時托兒所或奶奶家？為了在你不在時能想到你，她可以帶一張相片、一條有你的味道的手帕，以便保存「媽媽的一小部分」。請有耐心，幾個月後，當她可以從容自在地在心中喚起你的影像時，她就比較能忍受你不在……想想她將來寧可跟朋友在一起的時候……把握現在吧，人生如此短暫！

他會在半夜醒來！

孩子為了不讓我們在晚上留下他一人而大哭，是一種哺乳類皮質中荷爾蒙系統的反應，而他的行為就跟任何一種哺乳類動物一樣。**焦慮不只是心理的，而是生理的**。科學家已藉由核磁共振影像驗證了這一點。獨自處理焦慮對孩子來說非常困難！**哭就是他的對策**。要平息這份警戒，他需要催產素這種讓人放鬆和滿足的荷爾蒙。好好抱抱他，一切就會恢復正常。當然，如果孩子有夜晚分離以外的其他焦慮

哇！哇！

你得學會睡覺！
你愛哭多久就哭多久，
我不會任你擺佈！
哇！哇！
哇！哇！

來源，像是白天時的小問題、父母吵架、親人過世……等，恐慌就會加劇；但是興奮、學到新能力、處於成長階段……也會如此。在接近一歲時，夜裡醒來兩、三次是常見的。在這個年紀，幼兒正在學習許多事物。睡覺時，為了能吸納白天學到的經驗，神經元忙著作用，彼此連結。

夜晚擁抱時，請注意不要給太多刺激（不要說太多話）。此外，因為預防勝於治療，最好在孩子完全清醒前，在剛出現醒來的跡象時就介入——把你的手輕輕放在他身上，不要撫摸。在你的手中接納他的生命、他的呼吸，這能讓他重新沉入睡眠中，而不必經歷哭泣的階段。不要刺激，只要接觸就好！

白天，他是否也對吸塵器、警笛、關門的噪音有害怕的反應？每隔一段時間，大腦因為重組過而反應變得特別敏銳也特別敏感；大腦會更敏銳地感知到噪音，卻還無法做出認知上的處理。

你可以對孩子解釋一切來刺激他的大腦語言區，同時以你的平靜，甚至是肢體接觸（能產生催產素）給他安全感，這能讓他漸漸地將認知腦與情感腦連結起來。

某一項行為要在脈絡中回溯。睡眠障礙可能是父母間關係緊張的直接產物。如此一來，所有的「教養」技巧都註定失敗，因為問題不在孩子身上，他只是對父母間的緊張有所反應。寶寶沒有辦法解決家庭的緊張關係。他感覺得到，會在身體中體驗到，他不知道要對此進行過濾，也不會告訴自己「這份緊張屬於我的父母，他們因為媽媽公司的裁員計畫或爸爸在準備的考試而焦慮。」

我幫你按摩。你現在很擔心。沒錯，爸爸和我最近這段時間沒有常常陪你。爸爸失業了，我們有壓力，但這是大人的事。就是這樣。你讓我花一點時間安安靜靜地跟你在一起是對的。你提醒了我生命中什麼才是真正重要的。而重要的是，我愛你。

3

一歲半到兩歲：孩子說「不」的時期

到了一歲半，他已經習得還算不錯的身體控制能力，他會跑，也會踢東西。他想要擴展這份掌控力，他渴望能做到很多事卻還做不到。當他失敗時，可不只是積木塔倒下來這麼簡單而已。他面臨了自己的極限。多令人失望啊！這是強烈沮喪感的年紀，而且還得加上憤怒。此外，他的想法跑得比他的語言能力快。哭泣、大叫、咬人都在企圖傳達他的訊息。年紀小又不被理解真是不容易！

這是對父母來說比較不易應付的年紀。因為孩子的大腦能讓他意識到自己是有身體與意志的人，他會表示反對，並想自己做決定。確認「我不是你，我不是你的延伸，我是我自己」，對於孩子自我意識、自信心和自主性的發展是必要的。

她作對

當我說「我不要穿這雙靴子」時，你以為我對靴子不滿意。但事實上，有問題的不是靴子，而是，如果你告訴我「把靴子穿好」，我就不能再穿它們，否則，我就不存在了。當你強迫我時，讓我覺得你不想要我存在，你不希望我是我。

把靴子穿好！快點！
你等著看看這裡是誰作主！

媽媽
不愛我！

孩子經常說「不要」的階段可能只持續一個星期，就只是讓她能確認「我不是你，我能做自己」的一段時間。如果父母拒絕面對這個特別時期，作對的狀況就會一直持續。這時候，孩子必須保護自己嶄新且仍舊脆弱的自我認同。她不想繼續當媽媽的寶寶（客體），她想長大（變成主體）。這個階段的真正需求並不是作對，而是能與人有別。

孩子服從命令時，其實她的額葉並未作用。

當你讓她思考，給她選擇，也因此讓她有足夠的空間自己做決定時（當然，不是全部都任由她決定！），你就是讓她能運用大腦額葉，也就是大腦中能讓她思考、做決定、預備、預期……變得負責任的部位。

如何避免下命令？

- 建立連結：雨天穿靴子……晚上穿睡衣……
- 建立慣例、一連串的行動。
- 問問題、讓孩子思考。

● 即使只是一件小事，也讓孩子處於做決定的位置。
● 提供資訊。
● 提供選擇也能讓孩子感覺自己是做決定者，能讓孩子說「我」。

外面是晴天或雨天？
雨天

外面下雨的時候？
穿靴子！

不過，不必期待一個兩歲的孩子懂得選擇……這是開始，她在學習。一開始，她會依照相當個人化的策略來進行：例如，總是選擇你提供的第二個選項……她還沒有選擇的標準，也還無法在腦海中將影像保留足夠的時間來做比較，更無法想像每個選擇在未來相對的後果！不如提供她相近的選項，讓她輕鬆一點。

在兩歲半的年紀，你會看到猶豫華爾滋出現。她會選這個，之後又選另一個，然後又回到最初的選擇……[4]要到三歲她才能做出「明智」的選擇，甚至還能提出第三種選項，讓自己擺脫限定的選擇……

你要先穿靴子
再穿外套，
還是先穿外套？
先穿靴子！

一點點的不如己意，他就大叫

不管是哥哥從他那裡拿走玩具，或是你拒絕他一件事，這些損失在你眼中微不足道，但對他那尚不成熟也無法將事情淡化來看的大腦來說，這是一場悲劇。想到期待的冰淇淋時，他的大腦會製造多巴胺和腦啡肽這類愉悅和期待回報的分子。當你拒絕給他冰淇淋，這些分子的比率會突然下降，並引發對於最先出現的人或事物的攻擊反應。孩子會以敲打或哭吼作為抗議，這單純只是因為愉悅區、攻擊區、及衝動控制區之間的迴路還不成熟。損失活絡了大腦中的痛苦中樞，引發了類鴉片胜肽[5]比率

4 關於這個問題的更多討論請見第五章的〈他不知道自己想要什麼！〉

5 類鴉片胜肽是一種由神經元細胞體合成，接近嗎啡的化學物質，被歸類為內生性嗎啡或腦內啡。這些胜肽主要的作用是控制疼痛。

驟降。他需要學會不害怕地度過這些情緒。

表現出同理心會比安慰他更有效。他有哭的權利！他真的很痛苦，而且他的大腦承受著壓力。哭泣能宣洩壓力。這股強烈的情緒波動過去後，你可以將他的注意力導向其他事物。如果情緒超過他的負荷或顯得太過劇烈，你要把他抱在懷裡，重新為他注入催產素與安撫的類鴉片。

她的問題令我煩躁

爸爸
在哪裡？
他在公司。
爸爸
在哪裡？
我剛剛
告訴過你了，
他在公司！
爸爸
在哪裡？
這個問題
你已經問我二十次了。
我真的受不了你了！
我不會再回答了！

在一歲半到兩歲間，孩子開始能在心裡想起缺席的狀況。她想分享自己在腦海中看到的，並與你一起探索這個正在建構中的內在世界，但她還不知道該怎麼說。

孩子的問題並不總是問題，不要急著回答會是比較明智的做法。

他調皮搗蛋

對孩子來說，調皮搗蛋主要是在練習自己的動覺協調。動作令他著迷。他還不能獨自抑制衝動，而且他全心投入在動作的當下。另外，他腦海中也沒有穩定的心像，唯有在你介入後，他才能瞭解自己行為的結果！

這時，你可能會因為孩子看來羞愧而想相信孩子知道自己做了蠢事，但實際上，在兩歲時，即使你昨天才為同一件事罵過他，他只會在再次做完這件事後才想起來。

要到四歲開始，他才能不在大人眼光注視下，自己感到愧疚。也就是說，他已經把父母不高興的形象內化，可以察覺他的行為與這份不高興的關聯。

我看到你在進行
一項大工程！
要怎麼讓書本
回到書架上呢？

發現孩子搗亂後，描述你看到的狀況是給自己時間，讓情緒平靜下來的好方法！這也讓你有時間來確定自己的目標——「我想要教我的孩子什麼？」——及選擇一個適切的方案。既然他不是為了把書拿出來而把書拿出來，而是為了練習自己的動作靈活性，如果他發現有練習自己能力的機會，而不是受到處罰，他也會很樂於把書放回去。

為了避免孩子搗亂，最好不要放著未滿四歲的孩子不管。他的大腦還無法讓他分辨對錯，也無法抑制他想行動的衝動，然而，有好多的誘惑……

● 他打人、咬人、拉人頭髮

爸爸，你大吼的時候，我很害怕。我覺得很糟糕。怎麼了？我明明成功拿到了一大把頭髮。你沒看到它們多漂亮嗎？我真的好想要。所以我拉了！然後我拿到了！我很驕傲。可是艾洛蒂哭了，然後你大吼了……我完全搞不懂。

1 他還小，他以實驗的方式做這些事，就像他會對玩具做的事一樣。他無意傷害別人，也還無法真正意識到自己的行為與他人痛苦間的關係。

2 他在測試自己引起吼叫的能力……但對於他的受害者，他卻未必會感到憤怒。

3 兩歲的小孩會推、打或咬妨礙到他的人。但還是一樣，他們並沒有惡意，而是試著推倒障礙。

4 有時，這些是真正的暴力行為，他在試著「展示力量」。當他因為還找不到字詞來表達而無法讓自己被聆聽時，他的身體展開行動。這不是有意識的決定，而是身體開始負責表達：「我受夠了！我存在！我想要我的位置！」

5 他還很小，還不會有意識地鬆手。在壓力下，小孩可能還無法馬上回應「放開」的命令。不必對他大喊「放開」，最好幫他張開手，放開妹妹的頭髮。

何不藉機教他一些聆聽與同理的社會能力？

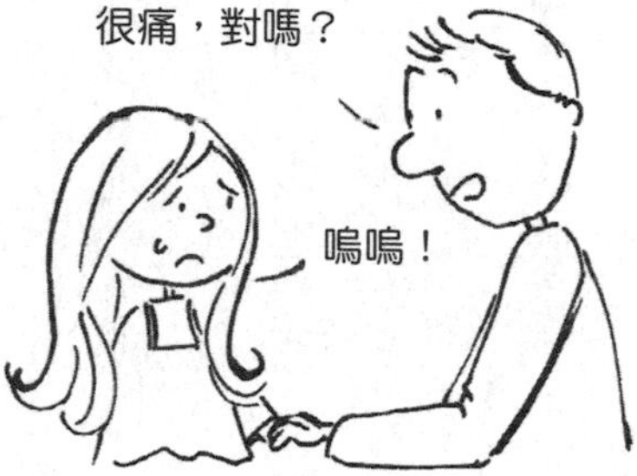

很痛，對嗎？
嗚嗚！

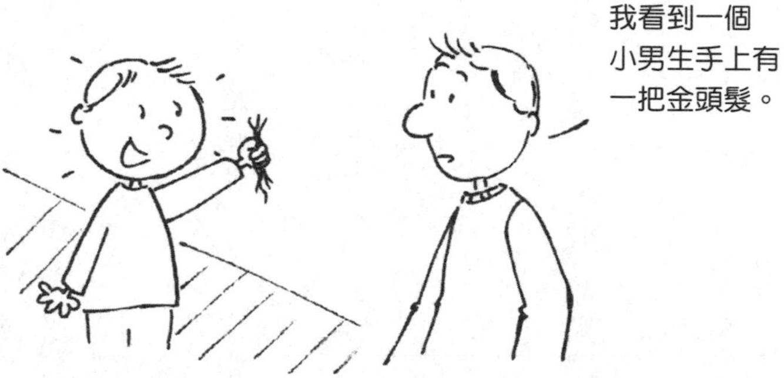

我看到一個
小男生手上有
一把金頭髮。

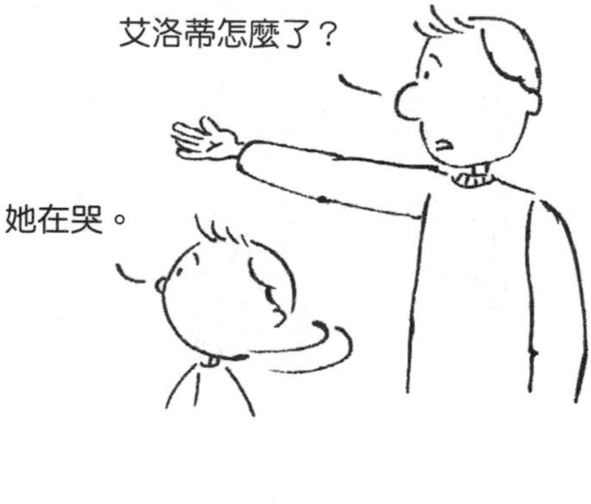

艾洛蒂怎麼了？
她在哭。

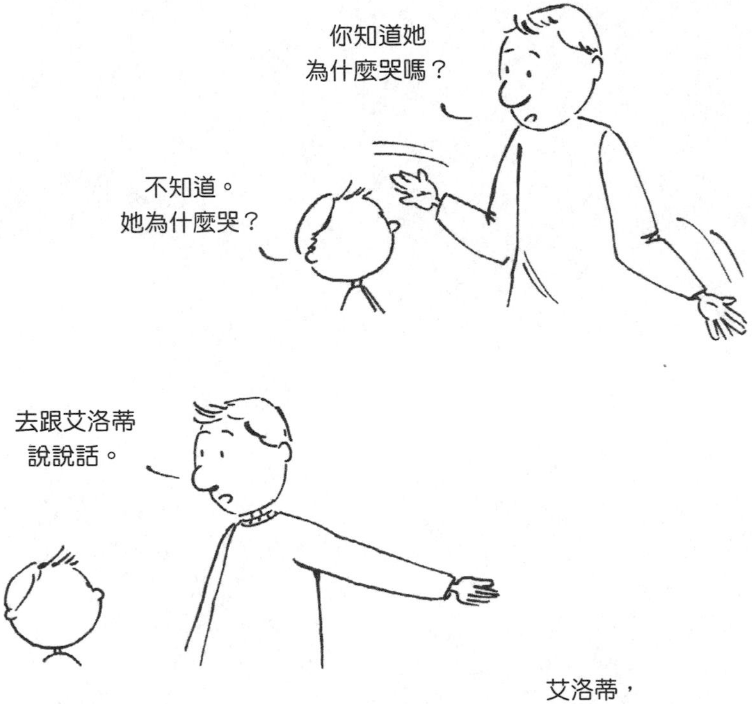
你知道她
為什麼哭嗎？
不知道。
她為什麼哭？
去跟艾洛蒂
說說話。
艾洛蒂，
你想跟維多
說什麼嗎？

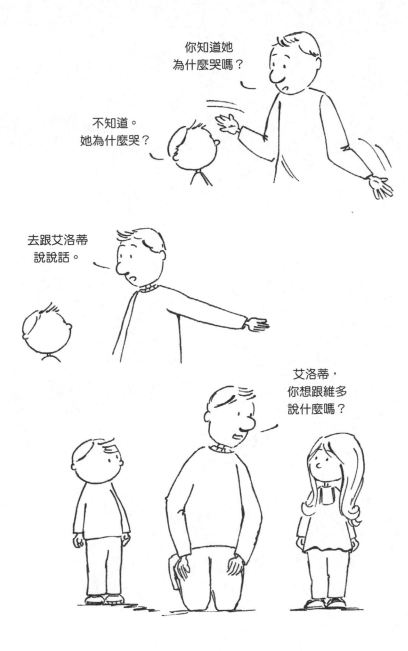

4

兩歲到兩歲半：秩序、順序、脫序！

因為忙著處理他對世界的內在表徵，即使只有幾個月大，小小孩也需要事物各在其位。

知名醫師與教育家瑪莉亞・蒙特梭利描述的秩序敏感期從孩子六個月大左右開始。由於年紀還太小，無法採取行動或說話，嬰兒使用了他唯一能支配的訊息：哭泣！然而哭聲卻被當作任性，就這樣，孩子對秩序的要求常未被察覺。

一歲半開始，幼兒會重新擺放小物件。兩歲時，最重要的新發展是心智表徵的出現：他能在腦海中看見畫面了。外在必須與內在相似，否則……就是混亂！

所以，每樣東西與每個人都要各在其位，一切都要有條不紊！

她在腦海中建立秩序！

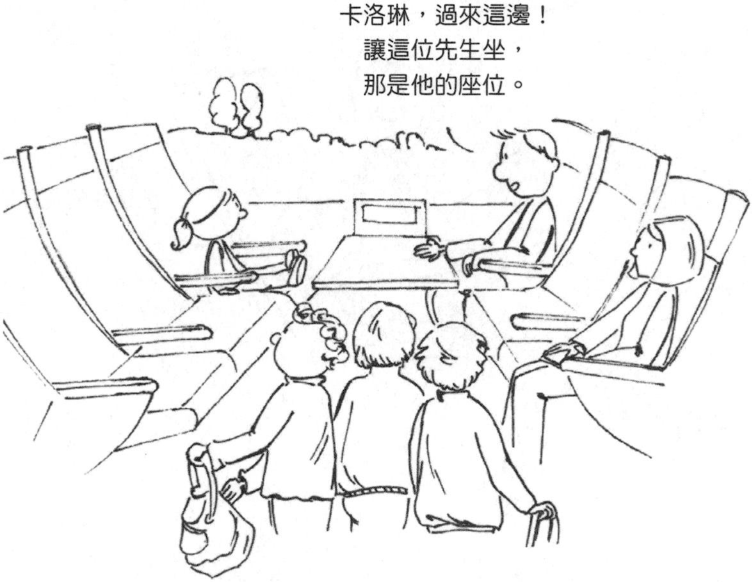
卡洛琳，過來這邊！
讓這位先生坐，
那是他的座位。

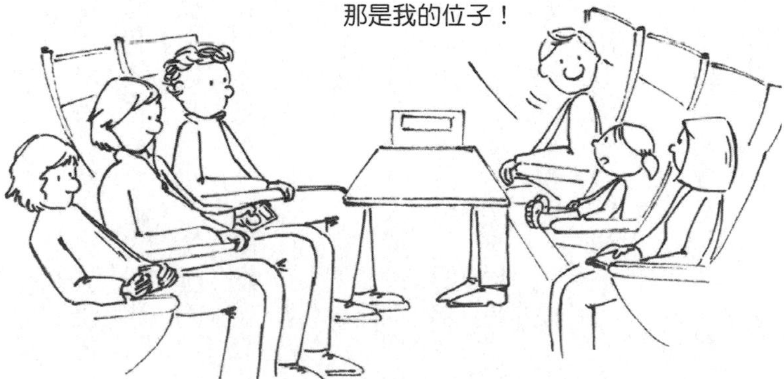
那是我的位子！

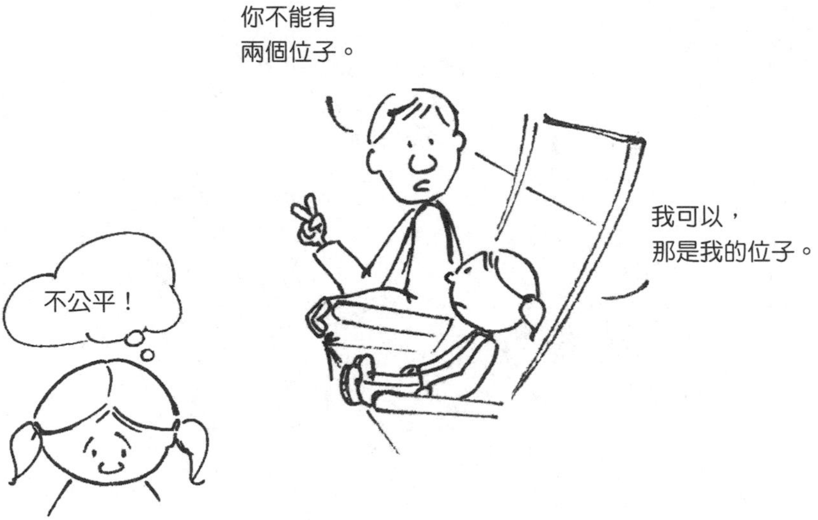
你不能有兩個位子。
我可以，那是我的位子。
不公平！

孩子專注在過程中，父母則專注在內容上。孩子試著瞭解「世界是怎麼運作的」。他們試著為自己的感知賦予意義。小女孩在建立自己對情況的理解，她在腦海中再現情況：她剛剛坐在那個位子，但她不再坐在那裡了。她把這個情況說出來！

然而，父母常會令人遺憾地把孩子的評論解讀為請求，甚至是要求。他們專注在內容上，以為小女孩想要那個位子，並試著讓她重新講理，然後，面對孩子繼續說出她的實際的決心，父母卻生氣了。

事實上，指出過程更能幫助孩子的大腦學習空間性。

對，你說得沒錯。
你剛剛坐在那裡！
現在你坐在這裡，
你換位子了。

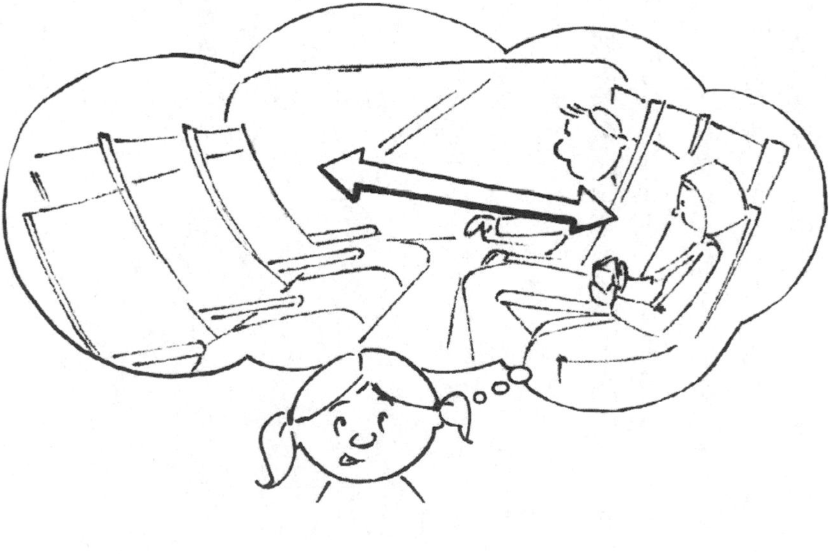

每件事情按部就班、照順序來！

你先幫我穿襪子再穿褲子時，我的身體感覺很煩躁。如果你強迫我，我會大叫，也會掙扎。你不懂，先穿褲子是很重要的！當我先穿褲子再穿襪子，我的身體覺得舒服。

兩歲時，孩子未必會說「我想先穿褲子再穿襪子」，在我們沒照順序替他穿上衣物時，他只會大叫。他的慣例儀式被違反時，大腦中的焦慮荷爾蒙會如洪水氾濫。他的大腦認真地組織著心像。為了不要迷失，孩子會發展出幾乎有魔力的慣例儀式。「蜂蜜、奶油、果醬！」小小孩如此宣布，所以別想要先順手在麵包上抹了奶油後，才先後塗上一湯匙的果醬和蜂蜜。外在世界「必須」依照順序地符合他的內在世界。在父母眼中，孩童的儀式是奇怪的要求，所以常被當作任性。這麼做，是未去衡量我們向小寶貝的大腦呈現的世界有多麼複雜。他非常需要組織他的感知與心智表徵。儀式帶來掌控感，因此也能遏阻焦慮。如果這些儀式持續超過了幾個星期，或是變得太過侵擾，諮詢醫生是有幫助的。

藉由建立慣例程序，你將能避免許多衝突。對兩歲的幼兒來說，慣例重要到只要把它們說出來，孩子就會樂於進行，也樂意回想。

給幼兒的想法：以「睡覺覺的姿勢、靜靜呼吸、想玩偶、打呵欠、在枕頭上磨鼻子、閉上眼睛、媽咪親一下……晚安！」取代成效不彰的「好了，你現在去睡覺！」

她不願意離開小公園

「回家」對她來說沒有任何意義。她活在當下，而且在兩歲半之前，沒有預期的能力。她要漸漸地才能想像出家裡的房子、通往房子的路，並決定往房子前進。

「馬上、待會兒、今天下午、明天……」，她還不瞭解這些字的意思。

反之，她很喜歡玩計算次數的遊戲。成功數完兩次將會令她自豪。把孩子放在主體位置的效果驚人。接下來，玩另一個遊戲：誰先到入口的柵門？之後，還可以利用慣例。建立離開的慣例儀式會讓從公園回家的過程變得容易。玩三次溜滑梯、一次搖搖鴨、給鴨子一個飛吻、從小徑的長椅起身、最先跑到柵門的人……

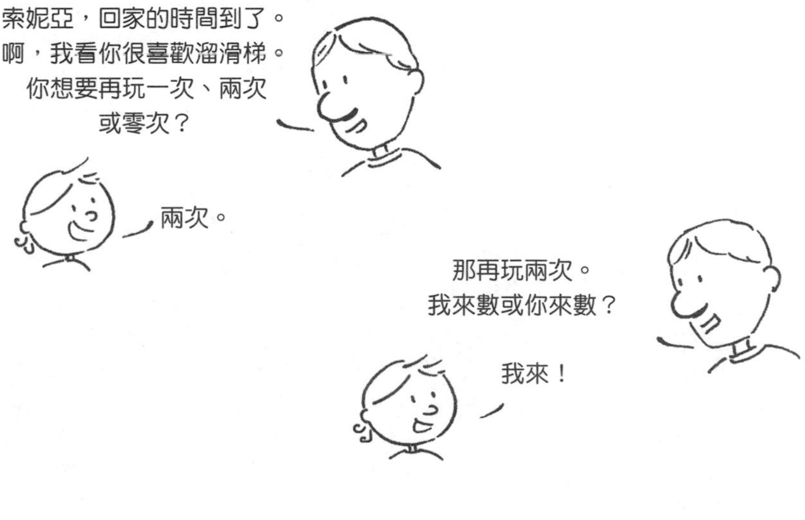
索妮亞，回家的時間到了。
啊，我看你很喜歡溜滑梯。
你想要再玩一次、兩次
或零次？
兩次。
那再玩兩次。
我來數或你來數？
我來！

接納情緒和感受

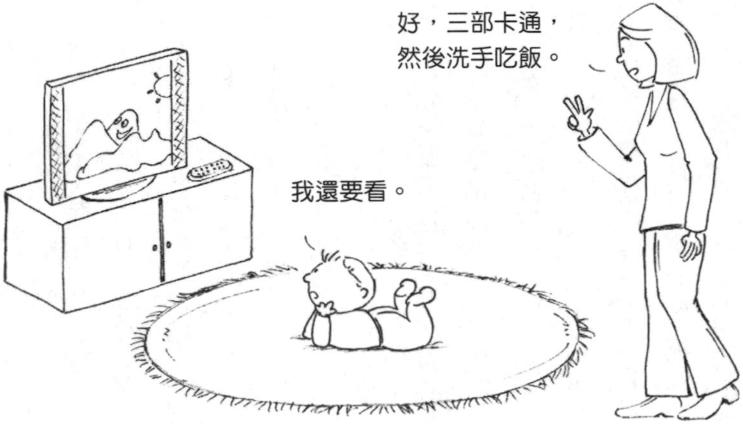
好，三部卡通，
然後洗手吃飯。
我還要看。

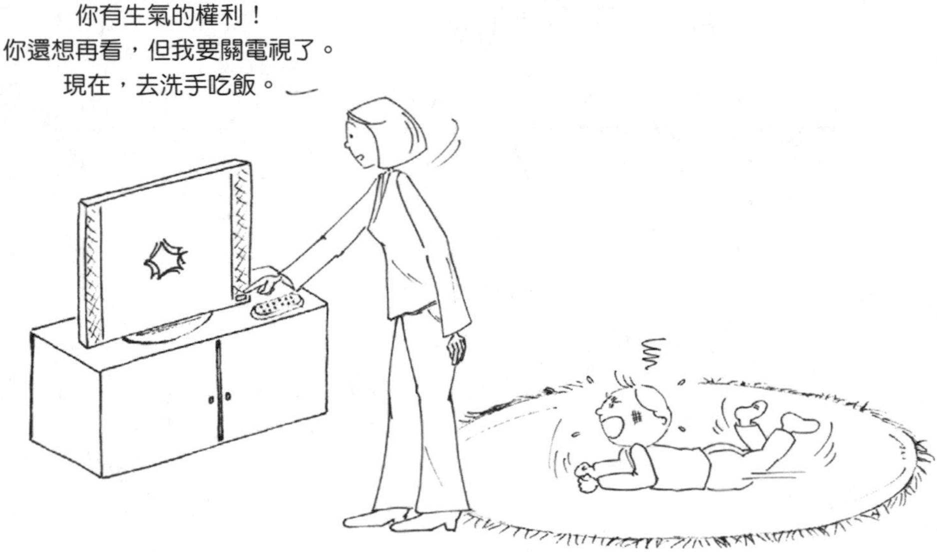
你有生氣的權利！
你還想再看，但我要關電視了。
現在，去洗手吃飯。

媽媽，你用話語說出我內心的感覺時，那讓我感興趣也覺得溫暖。這幫助我放下，去做別的事。

藉由反映孩子的感受，我們讓他看到我們並未忽視他的現實狀況。他覺得自己被瞭解，他也因此瞭解了自己。就這樣，我們教了他自我意識，這能幫助他脫離沉迷電視這類的狀況。

話雖如此，面對電視，即使是慣例程序也沒有用。由於螢幕真的有催眠般的魔力，我們常常會需要採取行動，並加入肢體接觸。

為了讓他們脫離入迷的狀態，並保護他們的眼睛，訓練孩子在節目中眨眨眼睛，並定期轉移視線看向遠方（例如望向窗外）是很有幫助的。

想像孩子能輕易抵抗他們最喜歡的節目的誘惑是不切實際的。這不只是因為節目的內容，更與節目的構成有關。亮度、聲音、影像的節奏，節目中的一切都是以讓孩子著迷，並一直黏著螢幕來構思的。光是間歇性的光線掃過就已經吸引了眼睛與大腦，再加上誘人的影像和一定的明亮度，要擺脫入迷狀態真的很困難。

看電視讓大腦釋放α波，孩子感到放鬆。因為什麼都不用做又舒服，他不希望這種狀態停下來。他體驗到觀看的愉悅。他的大腦分泌類鴉片物質。

當你關掉電視，類鴉片胜肽的比率驟降，啟動了痛苦中樞，哭鬧便會因此而起……

● 她害怕新的狀況

面對那些對她的大腦太過複雜的新環境或新狀況時，她會害怕？請幫助她找到可依循的事物。你的在場、她的玩偶，或是一件熟悉的物品都能幫助她。「你看，說故事的女士坐在講台上，小朋友在這邊……然後那邊有玩具。你想先去玩具那邊嗎？」

在鼓勵她行動之前，先描述環境與情況也能幫助她。過度保護是沒必要的。替她做或是給她過多的指引，只是把她維持在客體狀態，這種狀態會強化恐懼。她特別需要的是主動。這樣一來，她的不安全感很快就會消失。成為主體會減少恐懼。

為了讓她感覺更安全，請先幫助她與空間、物品和環境產生接觸，然後才讓她接觸其他的小孩或在場的大人。

他不睡覺

在這個年紀，一方面大腦的大幅重組會喚醒分離的焦慮。

另一方面，自然的睡眠週期也會移動，生理入睡時間在晚上十點，甚至十一點並不罕見。如果許多父母相信幼兒必須在晚上八點入睡，但實際狀況卻是：他無法指揮自己的生理時鐘。

如果他睡不著，不必強行把他留在床上。不過，當他累壞了卻還任由他不上床也不是好主意。尊重他的睡眠節奏不等於任由他決定上床睡覺的時間。一有疲累的跡象出現，就可以開始睡覺的儀式。

在這個年紀，最好（在適當時機）向他提供儀式的起始（「睡衣、刷牙、說故事……」），而不是提出你的結尾（「現在，去睡覺！」），他可能會因為還沒準備好，而反抗這種捷徑。

叫他的時候他不聽

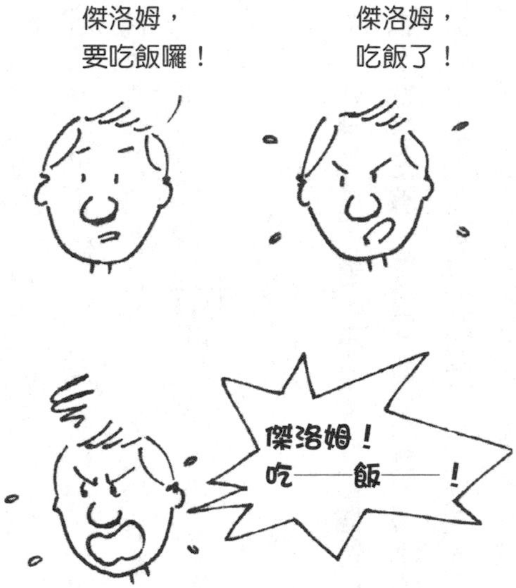

服從一道口頭命令並沒有看起來那麼容易。那牽涉了：

1 聽到命令。然而，孩子活在當下。他完全投入在自己的工作中。如果對大人來說，遊戲是消遣，對孩子來說則是相當重要的活動，是他學習與發展神經元網絡的來源。

2 記住命令，直到完成為止。

3 建立話語和動作的連結。

女孩的語言處理區發展較早，可以與動作區建立連結。她們對口頭要求的反應比較快。反之，小男孩的大腦中兩者尚未連接，無法在「處理聽到的語句」與「啟動行動的意向」之間迅速建立連結。小男生則會對肢體接觸有反應。

女士們，你們也可以在先生或伴侶身上測試肢體與視覺的接觸。語言腦和啟動身體之間的線路，有時似乎需要花點時間才能完全運作……

她不吃飯又／或玩食物

為了能看淡這件事，並減輕壓力，輪到父母站上體重計了！好了，你知道自己的體重了嗎？根據這個體重來衡量你盤中食物內容的話，如果把相同的體重／分量比例套用到小寶貝的餐點上，你很可能會把他的餐點分量除以四！

除非有很大的壓力，或是親子關係極為針鋒相對，你的孩子會攝取她身體需要的食物。

她什麼「都不吃」？這可能和食物沒有任何關係。再一次的，這可能是因為過程（方式）比內容（食物）更重要。孩子拒絕的或許不是盤中的食物，而是給她食物的方式……

媽媽，我不是不想吃飯，我肚子餓，但是「我想拿湯匙」！而且，這不公平。我想要在餐桌上和大家一起吃。用湯匙的話，你給我的食物我能吃得比較多，在我的椅子上我也會吃比較多，喏！

不要罵我，我不知道你拿給我玩的東西和你要給我吃的東西有什麼不一樣。
當我已經不餓的時候，我覺得你給我的東西是要讓我玩的。

兩歲時，她需要的食物比以前少。她的胃不是大人的胃。法蘭斯瓦茲・多托（Françoise Dolto）建議每兩小時給兩歲小孩少量的食物[6]。每樣食物（蔬菜、蛋白質、澱粉……）的分量要依照每個星期，而不是每一餐來衡量。

6 當然，不是給洋芋片、糖果、汽水！而是給水果、堅果、纖維和維他命！

他說髒話

這是開始出現延遲模仿的證明。大腦漸漸地開始統整內在表徵。孩子會看或聽，並在腦海中建構出看見的動作或聽見的詞語的形象，以便之後複製它們。他會內化父母的行為，但也會吸收其他大人或孩子的行為，而且不只是好的部分！事實上，他尤其容易複製那些奇怪或情緒顯著的、那些讓他害怕或讓他發笑的行為！

你對一個字有反應時，我會再說一次！特別是你露出奇怪的眼神時！再說，那讓我有點擔心，所以為了確認，我又再來一次。我不懂為什麼我在找我的「卡噌」（卡車）時，奶奶告訴我說，這樣說不好聽。但是她的眼睛睜得好大，所以每一次她來的時候，我都對她說「卡噌」！然後她的表情變得好奇怪！

過度的反應是一種強化。強化的後果是容易提高行為反覆出現的頻率。因為他的行為產生了驚人的結果，他會重複為之。某種程度上，你促使了他再來一次。因此，從孩子還很小的時候開始，就請注意不要強化那些你希望能消失的行為！

要怎麼教他？

教他表達情緒的詞句，幫助他把「媽的」這個字歸進髒話的範疇，所以不能到處亂說。

「今天早上，我的包包翻倒時，你聽到我那樣說。那是有時候我們生氣時會說的話。而你因為樹倒了所以生氣。我們把這樣的話叫做髒話，因為它充滿憤怒。有時候，它會讓其他人害怕，所以最好改說『糟糕』！在某些事情讓我們生氣的時候，我們一起來練習改說『糟糕』好嗎？」

有同理心地重新訴說孩子的體驗，像是「你因為沒能讓樹立起來而失望」，能夠讓他自我理解，學習用正確的詞句來表達感受。

注意，如果「媽的」只需要有同理心的重新表達，侮辱、咒罵和辱罵則是不能接受的；那些都是傷人的話。暴力從語言開始。因為羞愧和害怕會增加暴力，最好避免激發它們。他辱罵？停！在這裡，我們說出自己的情緒，而不是傷人的話。

5

兩歲半到三歲：我、我……我想要，我自己來！

孩子已經不再是小寶寶，但爸爸或媽媽卻很難不替他代勞！這是不易度過的階段，因為有自發慣性存在。當孩子一旦可以一個人做各種行為時，我們就已經不再那麼不可或缺了。然而這個年紀的孩子很可能今天很獨立、有自信，甚至獨斷，但明天就黏著媽媽，只要媽媽離開幾公尺遠就哭，特別是在有壓力的地方或情況下，更會如此。在她身上將會有愛的親密接觸、暴怒和恐怖等幾種情緒輪流交替。而節制力要等到再後來才會出現，因為連結大腦衝動區和行動抑制區的抑制迴路始終還沒開始運作，她還無法克制自己不去行動！

自己來！

在說「不」的階段後不久，約在兩歲半左右，「自己來」的時期來臨了。孩子想要實驗她能做到的事。她想要自己穿衣服、自己吃飯……

如果你因為時間不夠、想讓自己輕鬆一點，或是認為她做不到而替她做，你就剝奪了她練習新的動作能力的機會與成功的喜悅。所以她反抗了！

我做得到！每次都是你做全部的事，這不公平。我也想要敲破蛋殼，我會做！我不想再當小寶寶了！

她能完成各種能力範圍內的任務：端出裝開胃餅乾的小碟子、拿出洗碗機內的碗盤、打開罐子、扣上安全帶……

而幼兒園的老師也有一套幫助孩子自己穿外套的方法。

到了三歲，可以跟她討論規則：

- 你想做什麼？
- 你希望我做什麼？
- 我幫你敲開水煮蛋，還是你自己來？

「我想要！」

當你的戀人跟你說：

哇！好酷的車！
我也想要一台！

你會回答他：

想都別想！
你已經有車了，
再說我們沒錢。

或是告訴他：

嗯，太棒了！
我們可以週末
去艾特塔！

我想吃冰！
不行，家裡沒有冰！
而且你不能在早餐吃冰！

那麼，為什麼面對你的孩子時，你會選「不行就是不行」這個選項呢？

誰說的，我當然有想吃冰的權利！

父母會把「我想要」解讀成要求，忘了是他們自己教了小孩「你想要……嗎？」這句話。事實上，孩子正在探索以形象來思考的能力，且樂在其中。視覺聯合區在他的大腦中發展，光是此區域的活化，就能觸發內源性鴉片胜肽！

再者，就算他堅持地說著「我想要」時，也不一定表示他馬上就要，甚至未必代表他真的想要那樣東西！孩子會用「想要」這個動詞來代表其他各種他尚未掌握的字彙，例如思考、以為、想像、在腦海中看見……

他把「我想要／我想到／我承認／我以為／我愛／我喜歡／我同意……」混為一談。因此，我想要抹醬麵包可以表示我想要抹醬麵包，但也可以是：我想到抹醬麵包／這是抹醬麵包／昨天，我吃了抹醬麵包／明天，我會吃抹醬麵包／我以為你要給我抹醬麵包……等。

通常，孩子需要的只有一件事，也就是他的渴望被認可。我們的渴望定義了我們認同感的輪廓。大人會說，「我是茶」或「我是咖啡」，跟自己的選擇同化。同樣的，孩子的渴望和厭惡也參與了他認同感的建構。

你的孩子無法區別渴望與意圖？那要由你來幫助他。舉例來說：「你有『想要』把穀片倒在哥哥頭上的權利，但沒有這麼做的權利。」不要忘了明確的指示：「穀片要倒在碗裡。」

你很喜歡冰淇淋！
嗯！
我也是，我超愛冰淇淋，我最喜歡巧克力口味的！
你呢，你喜歡什麼口味？草莓還是巧克力？
香草草莓！
兩種口味啊！沒錯，確實有一杯兩球的冰淇淋！

確認的小測試

袋子裡有各種顏色的糖果。作為大人，你能夠說出你的意圖：「我要拿一顆紅的。」

孩子則會說：「我想要一個紅的。」他用「我想要」來代表「我要拿」，但也代表「它是／這是／你看……」。如果從兩歲起，他會說我要、我想要和我應該要，但對他來說，這些都是同義詞，是用來指稱正要發生的行動的詞句，就像一種立即未來式。

一起想像的樂趣會令孩子滿足，因為他對過程（想像）的興趣顯然高過內容（冰淇淋）。

然而，還是會有小麻煩。他腦海裡的畫面縱然是想像的，卻會引發生理反應。想像你把一片檸檬放在嘴唇上……你會馬上流口水。同樣的，孩子想像冰淇淋……他的味蕾會準備好要品嚐冰淇淋，他會流口水。他創造了對冰淇淋的渴望。

你喜歡抹香草醬的麵包
還是抹草莓醬的麵包？
香草！
呵呵！
沒有抹香草醬的啦！

他不知道自己想要什麼！

孩子的腦海中有兩個畫面。而且嶄新的狀況是：他開始有能力記住沒被選上的選項。他知道即使他選了蝴蝶酥，可頌還會繼續存在。他在腦海中看到可頌……所以他想要！否則，腦中的畫面與現實之間不一致，這會使他腦中的一切混亂失序！

我需要你引導我，需要你幫助我使用頭腦。我不想要你幫我選，因為我想要做我自己。我喜歡做選擇，可是我需要你幫我……如果你每次都要我選，或是等著我做出確定的選擇，那會讓我焦慮。我還太小，我還不懂得做選擇！

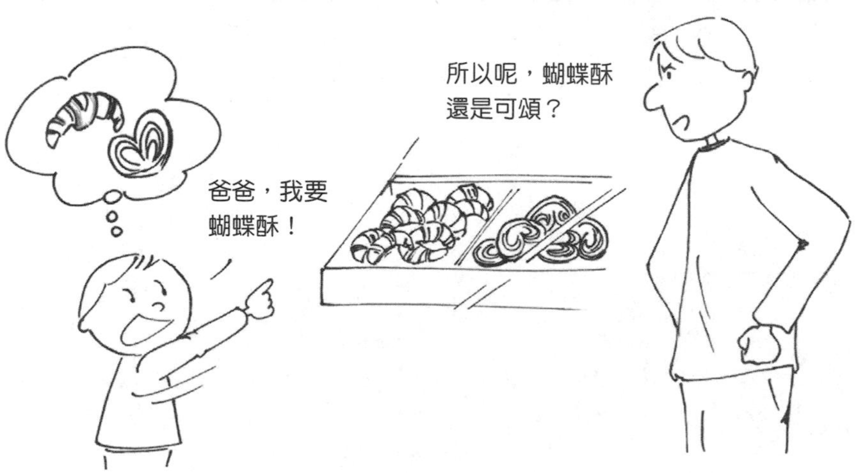

父母是對的，孩子從來不會滿意！就算他選了，他還是一直想要他沒選的那樣東西。沒錯，他會因為選了可頌，但到頭來還是想要蝴蝶酥而哭……

不過，這不是個性差，這只是一個困難的階段，對父母、對孩子而言都一樣。請深呼吸。既然知道他必定會想重新選擇，因為這是他大腦正常的運作，那就別把你的可頌吃完，好留一小口給他！

6

三歲：一起

這是語言中樞與前額葉中大量形成突觸（神經元的連結）的時期。孩子培養出自我的感受。

他說「我」，也變得能夠自我描述和敘述自己的感受。習得了「我」之後，他來到「我們」。一起做、同化，三歲的孩子能從符合、適應中感到快樂。但不總是如此……

「我不要！」

讓我思考一下……
如何不陷入權力的對抗？
我可以讓步嗎？大概可以。
到頭來，他就穿那樣去學校
也沒那麼嚴重。他的睡衣很保暖，
那是他的選擇。
好，你穿睡衣
去學校！
!
媽媽，我不要。
我不想穿睡衣
去學校！

當父母不再有期待時，孩子不再承受壓力，他的反抗就消失了。注意！讓步不是為了獲得投降。有些事情比我們所以為的更可以退讓。反之，也有許多絕對不容討價還價的面向，是因為社會化、健康，甚至孩子生存的必要性而一定得如此。不能把讓步當成萬用的技巧。再來，讓步也不是放任！

讓步有用是因為孩子反抗的通常是過程，而非內容！孩子不是真的反抗穿褲子，而是反抗你要求他的方式，或是因為他想先穿襪子，或者……其他理由。確實，他們會發明很多對我們來說顯得奇怪的動機！

她知道規則，卻不遵守

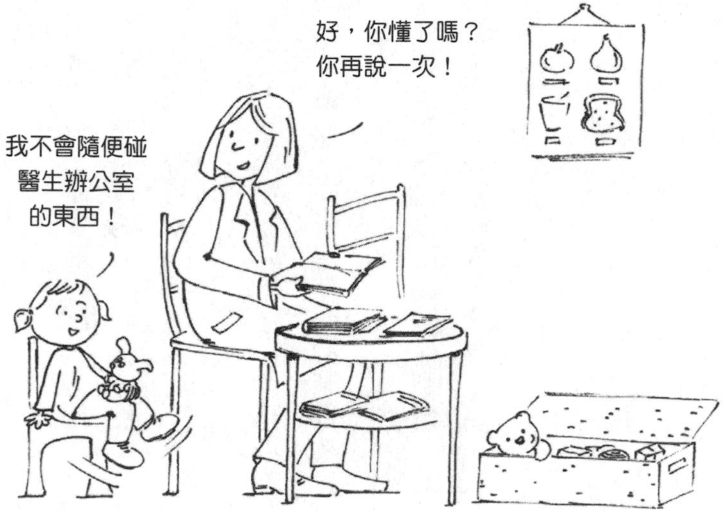

我不會隨便碰
醫生辦公室
的東西！
好，你懂了嗎？
你再說一次！

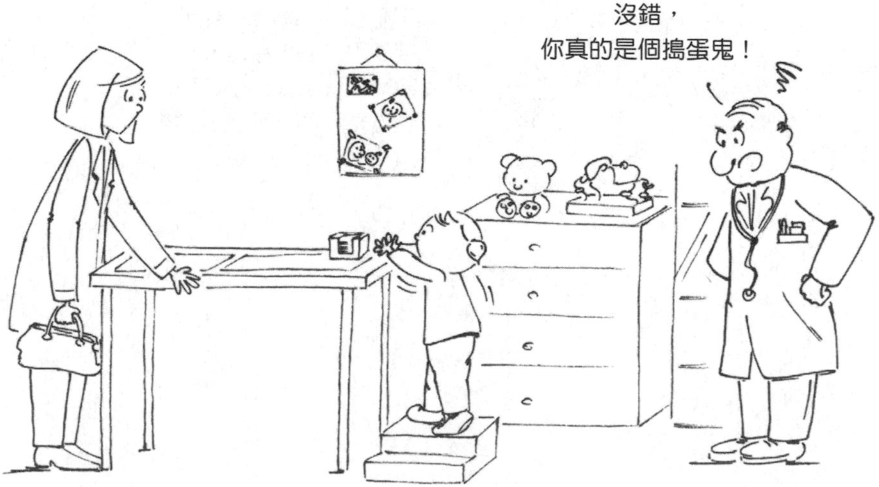

沒錯，
你真的是個搗蛋鬼！

三歲的孩子確實能瞭解某些簡單的規則，並能複誦出來。但這離要讓這些規則指揮他的行動還有一段距離。

在候診間對爸爸或媽媽複誦規則的大腦區域，尚未連結到抑制行動的區域！

直到他們的語言得以讓他們自己與醫生建立口語關係前，孩子用手，甚至用嘴來探索。

這位媽媽，讓她摸吧！
她在用手探索，她還沒有觀看和思考物品的能力。
我已經把診所裡面的東西
都做了安全的處理，
好讓小朋友可以摸所有
他們摸得到的東西。

7

三歲到四歲半：想像世界的誕生、奇景和惡夢

當燈光暗下來，並投射出影子，
孩子會在窗簾或床尾棉被的摺角看到壞人或龍。
怪物會在夜晚糾纏他。

● 他做惡夢

他的情緒會變成畫面。怪物代表的是令他害怕的暴力，是他所承受或他所施加的暴力。他今天在樓梯推了弟弟？今晚，他會夢到怪物在追他！他經歷了對弟弟當「壞人」的情況，而且無法接受。

所以，他把這份攻擊性投射到自身之外：有攻擊性的不是他，而是怪物。在這個階段，可以提醒他有時候我們會對某個人感到憤怒，而且可能覺得自己很壞，但事實上，我們只是生氣而已，而且我們有權利說出來。

晚上睡覺前，你可以建議他：

- 談談今天白天遇到的困難。
- 在睡前畫出他的一天，把煩惱放諸紙上。
- 把他的煩惱告訴解憂娃娃[7]。

他做惡夢？他可以：

- 畫出怪獸（如此一來，能掌控牠！）

- **送怪獸一份禮物（是的、是的！）**
- **讓英雄來救他，結束這場夢。**

他的想像世界大爆發，但在三歲半時，他腦海中的事物是真實的，並令他害怕。

爸爸！怪物想把我吃掉！

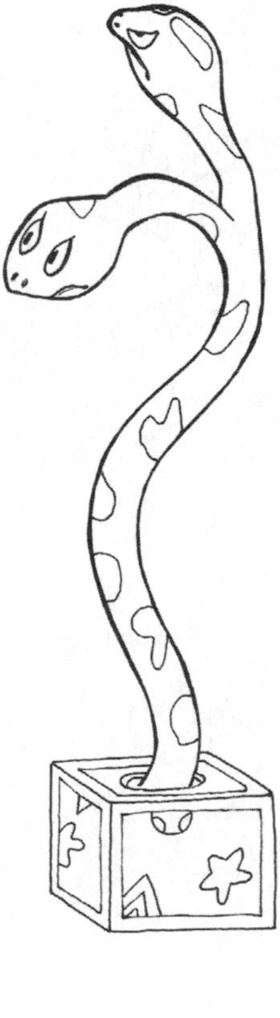

7 解憂娃娃源於南美洲。人們在夜晚向娃娃傾吐煩惱，它們會將煩惱留住一整晚。你也可以使用一個漂亮的解憂盒（可上鎖），在夜晚把煩惱封存起來。

她隨處塗鴉、亂畫，什麼都剪！然後她說：「不是我做的！」

當她回答「我不知道」時，是真的！她還無法區別有意的行為和意外的行為。四歲前，在發現結果之前，孩子還不會真的為自己的行動擔心。因為她還無法建立行為與結果的關聯，孩子只會從你的眼中看到問題。

請幫助她整合自己身上不同的部分：「是你的手做的。你的手不知道它能做什麼，不能做什麼。它只是想練習剪東西。如果你監督你的手，讓它只去剪紙，那會是個不錯的主意。」

8

四歲：權力、規則和自我形象

如果在更小的時候他能遵守遊戲規則，到四歲時，他會發現規則不過是慣性。無論是什麼遊戲，他都會發明自己的規則。而就算他顯然討厭輸掉遊戲，贏卻不是他唯一的動機。要到近五、六歲時，他才會樂意遵守正式的遊戲規則（而且，當他會認字後，會要大家一字不差地遵守）。

在此之前，他在探索規則的概念——它的用途、如何運作、能怎麼調整、由誰決定、為何決定……等等——同時觀察遊戲如何依照選定的規則而轉變令人著迷！然後，因為他決定了規則，他覺得自己是遊戲的主導者！而讓父母如此困擾的，是控制權的喪失嗎？

一開始，他會在遊戲進行中改變規則。藉著幫孩子每次的創新命名（「啊，所以規則是……」），並在輪到自己時使用（「所以，我可以……」），父母能幫助孩子在心理層面發展他的實驗。之後，孩子會想發表在整個遊戲過程中都適用的規則。為了不讓這些規則不清不楚，父母可以使它們更為明確：「今天，我們要按照哪些規則玩？怎麼樣，如果……的時候，我們可以重新開始嗎？還是不行？」

再來，父母可以記住，自己玩遊戲並不是為了輸贏，而是為了與孩子度過親密的時刻，並幫助孩子學會「規則的功能」這類重要的概念。對大人來說，輸並不嚴重。對四歲小孩而言，卻是重大的考驗。

我們認為自己贏了的時候，大腦沉浸在興奮裡，腦中的多巴胺[8]比例升高。失望則會活化大腦中的痛苦中樞。成人大腦中的新皮質能進行緩和（「那不嚴重。」），並使分泌平緩下來。

但孩子還無法使用這些連結區來淡化事情。對他而言，沒有折衷的餘地。「我輸了」就等於「我什麼都不會，做什麼都不行，永遠都沒用」……

他需要你幫助他將行為與他這個人區別開來，以及度過這些強烈的情緒。

那不是鬧劇，而是真正的大腦焦慮！

8 多巴胺是一種神經傳導物質，也稱做愉悅分子。

她編故事和吹牛

她發現了想像世界的威力。她可以與腦海中的畫面玩耍，扭曲現實，並讓現實符合自己的期望。她說謊既不是要傷害別人，也不是為了掩飾，而是為了試驗這種美妙又迷人的新能力。我感知到的是真實、夢、虛構、回憶或預感？孩子不一定總能確定。惡夢中的怪獸和巫婆仍是「真實」的，那些躲在他床下或衣櫃裡的也是。

在四歲這個年紀，她會吹牛：「我是最棒、最強的，我跑得最快，我的布偶最漂亮，我的禮物最多……」她炫耀著強烈的自信，且非常篤定地告訴你：「這是我畫的。」並頑固地堅持。然而，她和你都能看到在畫紙下方有別人的名字。她開始使用比較級，但還無法掌握假設句、推斷……等其他說法。比如她說：「我的巧克力比你多。」也不是大人認為的「認定」之意。

他害羞

如果在這個年紀，他常常很吵又愛講話，這份旺盛的精力卻會在他人的眼光出現時中斷。

這不代表他特別害羞。四歲時，他進入「心智理論」的開端，也就是他開始能想像別人看見或想到的事物。例如：

他開始瞭解，木偶戲中的警察相信自己能在某個地方找到主角吉尼奧爾，但後者卻躲在別的地方。這種新的能力讓他對別人的眼光與高度社會性的羞恥情緒特別敏感。

在這個年紀，嘲笑特別讓他不舒服，也沒必要讓他為難。對於要暴露在他人的眼光下感到遲疑，是他正在發展的智力的表現。他有很多時候會表現出由自己決定意願……

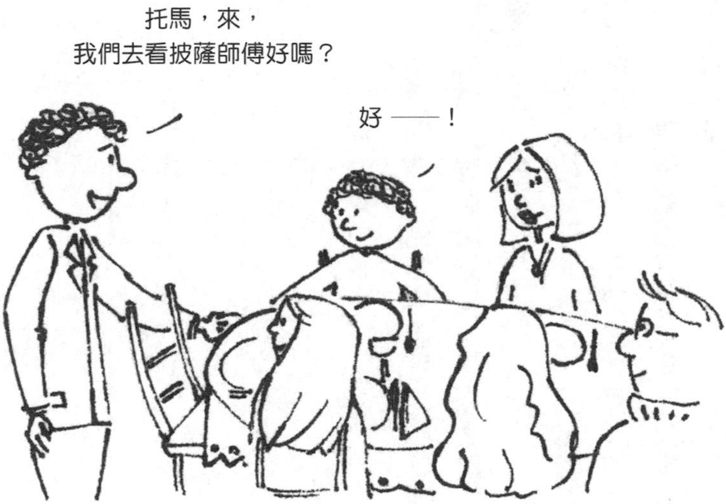
托馬，來，
我們去看披薩師傅好嗎？
好——！

太酷了！

她口不擇言

你很老……
你會死！
為什麼那位先生只有一隻手？

她還無法在頭腦中思考。她把想到的事情大聲說出來是為了能更瞭解這個世界，而不是故意要傷人。

為了避開對方的眼光，父母會很想要罵小孩，但這只會強化侮辱的印象而已。最好對那個人微笑，並重新與你的孩子討論：

「你在想年老／死亡的問題？對，人生中有些意外會讓我們只剩一隻手。你想要問問那位先生嗎？」

9

四歲半到五歲：自我意識和社會化的困難

學校……那讓我焦慮……我們會好久沒有爸爸媽媽在身邊。還有其他小朋友一直大吼大叫。老師說我在做白日夢，餐廳的阿姨逼我吃飯……而且，沒有我，媽媽很難過……她一個人在家裡做什麼？

她肚子痛

選項一：否認

來，親愛的，坐起來。
我給你一片阿斯匹靈，
半小時後你就不痛了。

選項二：過度保護

可憐的小寶貝。
你留在床上休息，
我今天會請假照顧你。

選項三：權威

來，起床！別鬧了！
每天早上上學之前
你都肚子痛！

選項四：責任化

你想用你的
鬼牌嗎？

「鬼牌」是一天或一個早上不去上學的權利。一年中，她有三張鬼牌（數量和節奏——每個月、每學期、每年——要視孩子的年齡而定）。由她選擇使用鬼牌的日子。

忽視問題行為或症狀會加重她的煩惱。過度重視會讓孩子不安並強化症狀。一旦排除了醫學層面的問題[9]，就要去發現焦慮的起因。

怎麼了？
我不喜歡學校。
你最不喜歡的
是什麼？
大衛打我。

他害臊

這個年齡的孩子常常會經歷一段害臊期。在陌生人面前裸身侵犯了他的私領域。在脫衣服之前，他需要和醫生建立個人關係。他無法忍受作為客體，而他是有道理的。

如果他跟醫生說話，他將會感覺自己是主體，因此也將能接受脫下衣服，露出自己的身體。

9 除了常見的消化系統感染外，某些過敏或食物不耐受（腸胃易受影響的現象）會造成這些反覆出現的症狀以及過度敏感或過動。

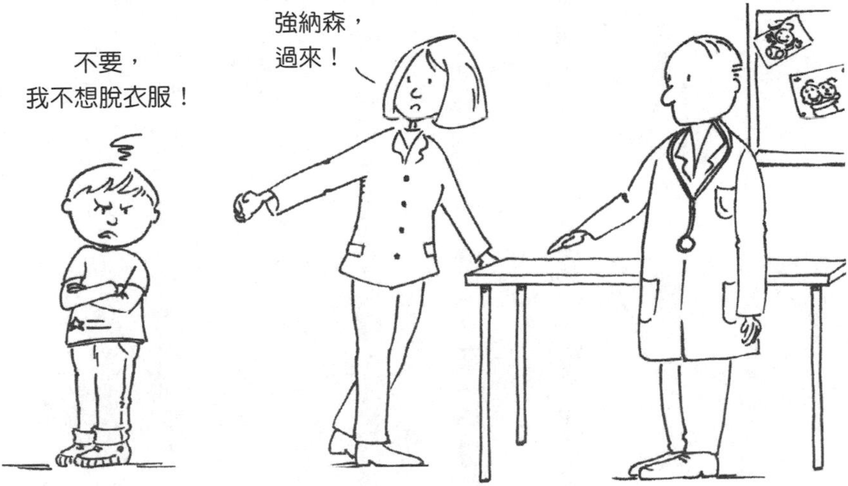

她花好多時間穿衣服

大部分的孩子會在五歲開始自己穿衣服，但半數以上仍需要我們在他穿衣服時，定期提醒他們。

有些孩子特別容易分心，對他們來說，穿衣服又更困難了。

你的孩子得花二十分鐘穿衣服？她不是唯一的。她不是每天都這樣，而是偶爾一次……

這是大腦尚未成熟造成的分心，並不是由反抗行為引起的。所以，在一個身旁沒有太多東西的地方，她會穿得比較快。

為了避免造成權力的對抗，最好把我們的評論留給每件穿上去的衣服，而不是強調還缺了哪些。

為了幫助她，你也可以依次說出每件衣物：內褲……T恤……襪子……

哎！我一轉身
你就不繼續穿衣服了！

他問太多問題

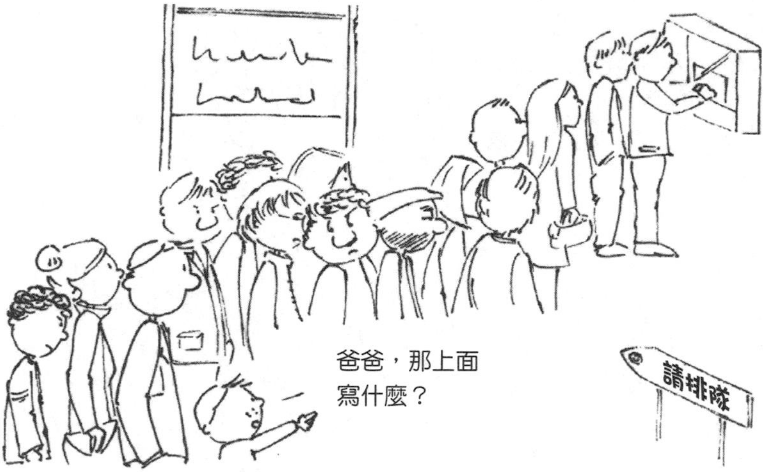
爸爸，那上面寫什麼？
請排隊

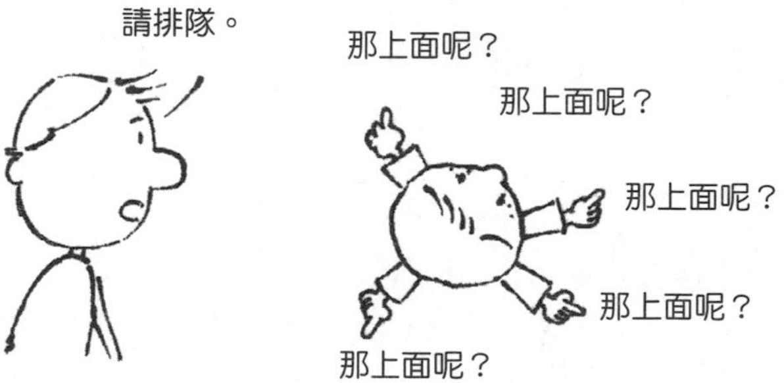
請排隊。
那上面呢？
那上面呢？
那上面呢？
那上面呢？
那上面呢？

拜託，停下來一下！
你讓我很煩躁！
!
你認得
哪些字母？
i…
a…
e…
哇！你會唸了！

10

設定界限

即使到了現今，當有人說打屁股和懲罰是沒有用時，也仍會立即引發激烈的回應：「可是必須設定界限啊！」就好像那是顯而易見的事，而我們可以拿打屁股和懲罰作為界限。

它們是界限，但如果它們反映了父母在知識與自制力的極限，而且尤其限制了孩子的人腦能力。那真的是父母所想要的目標嗎？

確實，孩子需要學習共同生活的規範及一些保護的規則。然而，界限代表的是圍繞與界定空間的邊界。

為什麼不給予孩子這份空間，讓他在裡面茁壯，有權利做各式各樣的事，享受自由和許可，而不是將他的注意力吸引到邊界上？因為當我們向他指出了邊界，不可避免地，他更會企圖越界。

● 拒絕時，要接納他的情緒

我們已經看到，在各種狀況中，比起說「不行」、「停」，更合適的方法是具體行動、突顯其他的替代做法，或是提供選項，並且和孩子一起做夢。我們已經發現，對孩子說「不行，別碰插座！」是很不妥的做法；而相較於跟他們說「不行，

你不會有糖果」這種容易引發狂怒的言詞，更好的做法則是教孩子學習失望。父母對既非請求也非問題的話，總是會說「不」，但這些「不」是沒用的。

反之，一旦確認那是真正的要求，而他所表達的渴望又透露了不合理的需求，那麼懂得拒絕顯然是有幫助的。如果孩子看到自己所有的渴望都會馬上被滿足，他會喪失自己的界限感、喪失自我認同。

自我認同建立在自身與環境的界限、在失望的經驗中。

然而，許多父母因為害怕會讓小孩心理受創，會讓小孩痛苦，或者失去孩子的愛，而不敢拒絕小孩。他們自己曾因為父母的拒絕和拒斥而痛苦；但更重要的原因是：他們害怕孩子的憤怒。

孩子有權感到憤怒，那是失望帶來的正常情緒。他有權向父母表達憤怒，父母正是令他感到失望的起因。為了讓孩子能自由地感受與表達憤怒，並學會接受失望，他的父母不能覺得自己被這股憤怒摧毀。當父母害怕孩子的憤怒時，孩子感受得到，他抑或把憤怒回收到自己身上，抑或變得暴力。暴力不是憤怒，而是與徒勞的狂怒混在一起的害怕。

「沒錯，沒得到你想要的糖果真的令人失望」是一種能賦予他擁有渴望的權利，也是教他用語言來表達經驗的方法。

給指示，而不是禁止

在設定界限時，相較於「禁止」，不如「允許」和「提供資訊」。

孩子隨著自己注意力的方向行動。因此，我們在他們腦海中激起的畫面，就是我們為他們設定的目標。

「允許」會將孩子的注意力集中在被期待的行為上。

「禁止」則把孩子的注意力集中在有問題的行為上。

把手放在瓦斯爐上未必是被禁止的，主要是那樣做很危險！禁止一項危險的行為是有風險的，因為禁令遲早會被違反。然而，當孩子有了危險的觀念，就再也不需要複述了；只需要不時提醒他即可，因為他的注意能力尚未完善，而在發育的過程中，由於大腦經過如此大規模的重組，需要重新提供資訊。

在草地上，你們可以用跑的。
在石板地上，你們用走的。

一個單字就夠了！

晒了幾道陽光之後

好，孩子們，規則如下：
在陰影下，不用戴帽子；
在太陽下，戴帽子。

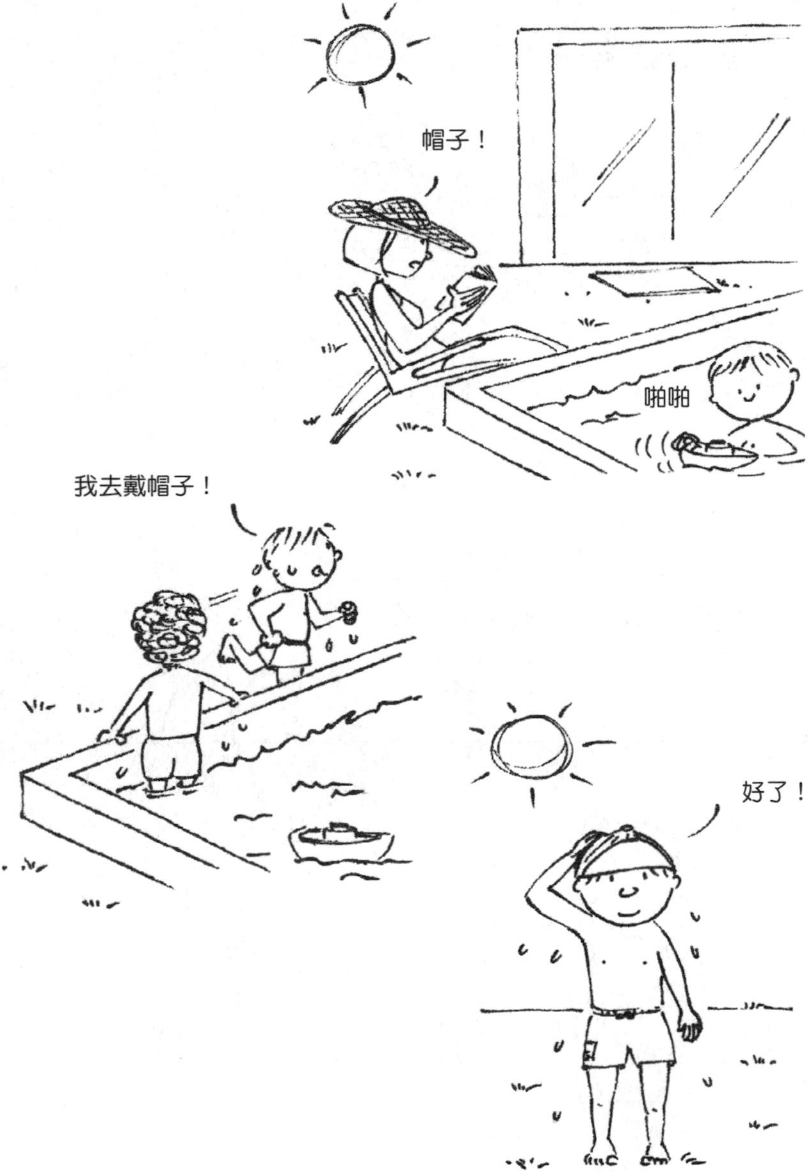
帽子！
啪啪
我去戴帽子！
好了！

把指示告訴他之後，只要用一個單字提醒他就好，這樣你就能避免因為下命令而引發反抗。要讓孩子覺得自由：一個單字不需要語言系統做複雜的處理，孩子就可以有所行動。太長的發言超出了幼兒的能力，他們無法在大腦中想像這些所說明的意義。

試試看一個單字的力量：「洗澡」、「開燈」、「棉被」。

⊙ 教她負責任，而不是怪罪她

我很喜歡摸車門的把手，但我更喜歡瞭解世界如何運作，感覺自己聰明。

這顯得不自然，但請試驗看看，問題通常具有魔力。孩子幾乎馬上就會運用自己的前額葉。她會觀察、分析狀況，有時候甚至會找到你從來沒想過的答案。

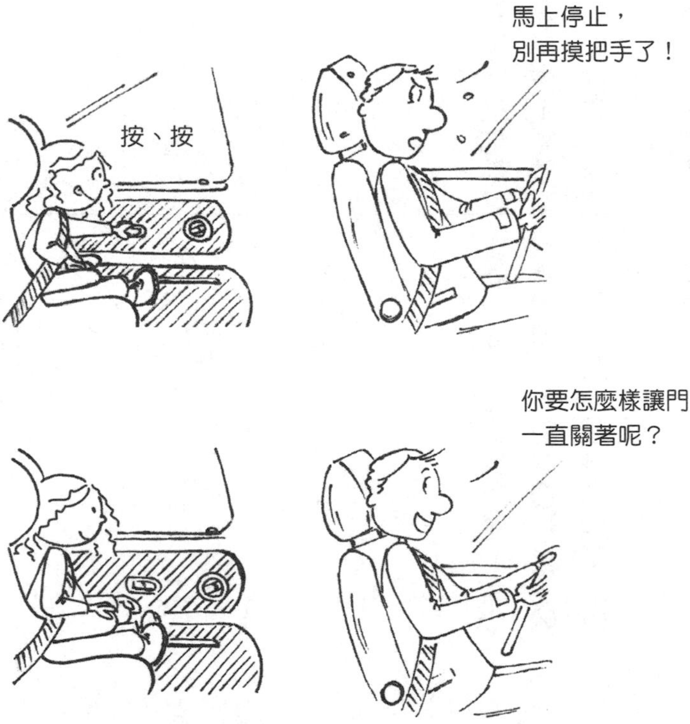
馬上停止，
別再摸把手了！
按、按
你要怎麼樣讓門
一直關著呢？

提供資訊

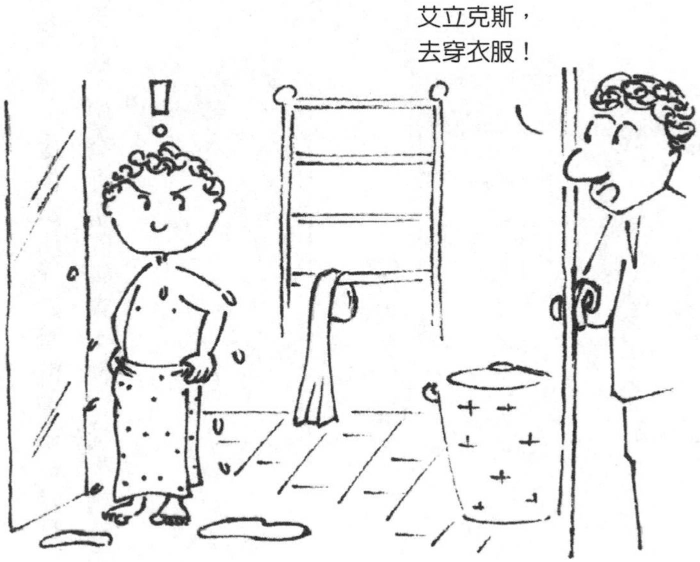
艾立克斯，
去穿衣服！

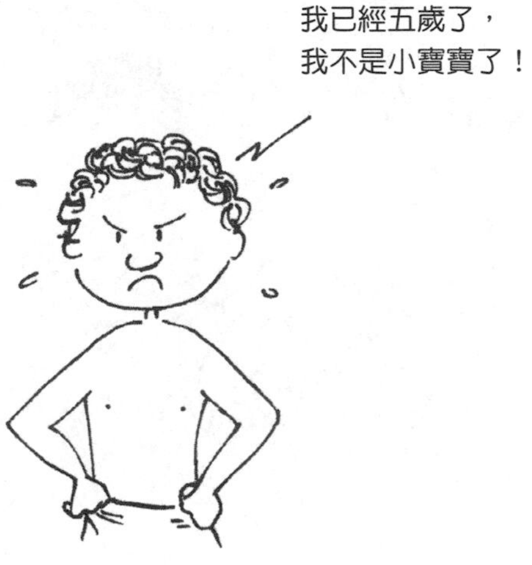
我已經五歲了，
我不是小寶寶了！

比起命令，提供資訊更能讓他運用前額葉。這麼做一舉兩得：他會活得像自己作主，因此不會有反抗的需求；他也能建構自己的智力與自主決定的系統。

艾力克斯，
你的朋友
三分鐘後到！

我馬上去穿衣服！

哇！好漂亮！
我要把它貼在廚房！

她這麼說是因為她愛我，
可是她只看了一下下，
她不是真的對我的畫感興趣！

啊！
這邊線條比較深，
我看到一個圓圈……

媽媽關心我！

評價——即使是正面的——會讓孩子緊張。而稱讚如果太誇張或不夠明確，孩子可能會懷疑。如何稱讚而不評價？有一個關鍵：描述！

要做描述，你就一定得付出更多的關注。聽到你明確的評論後，她會衡量你對她的表現或對作品的興趣。

好了！
你看，
你想做的時候
就做得到！
對啦，
每次都一樣，
我努力也沒用！
做得很好。
我做得很好！
我必須做好！

當我們對孩子說「很好」，這不僅突顯了其實有可能「不好」，他也不會記住這項行為。他只會記住自己的自豪感，以及失敗的風險造成的緊張；孩子一旦處於父母的評價之下，就無法運用大腦的前額葉。

反之，如果爸爸描述自己看到的情況，像是「我看到了你怎麼把球傳給布萊恩」，孩子會在心中再次看見這個動作，喜悅會觸發蛋白質的合成，這會強化參與該動作的神經元髓鞘（gaine de myéline）[10]，並對促成這次妙傳的神經衝動進行編碼。

如此一來，爸爸幫助孩子記下成功的動作，也因此幫助他重複這個動作！

謝謝你幫我擺碗盤。
你甚至連餐巾都想到了，
你把餐巾摺好了，
還放在每個盤子旁邊。

一件「蠢事」

剛才，我手上有一個杯子，然後有一道聲音，再來我就只看到地上有玻璃碎片。我的杯子怎麼了？

對幼兒來說，他的行為與結果間的因果關係並不明顯，打破的碎片與他剛剛拿在手上的東西之間的關係也一樣。所以指出他的無能而使事態加劇是沒有必要的。

身為父母，我們有時候會有詭異的態度；我們在修補問題時抱怨著：「你以為我閒著沒事，只要幫你的調皮搗蛋善後？」

這樣一來，我們等於讓孩子不必面對自己行為的後果，也因此讓他無法衡量自身行為造成的影響，並對此負起責任。接著，我們懲罰他……

10 髓鞘是一種保護神經纖維的脂質。它能提高神經衝動的傳遞速度。

⊙ 懲罰

如果懲罰有教育效果，人類應該從很久以前就不再犯罪了。

但會有這種錯覺，也是因為懲罰所帶來的短期效果，但並不是在教育層面，而是能讓處罰者鬆一口氣，他因此感覺重新掌握了狀況。除此之外，很難理解懲罰為何如此普及，畢竟它們的缺點如此之多：

- 它們治標不治本。而光是如此，每個人就都應該避免懲罰。因為問題沒有解決，所以會以其他的偏差行為來表現，導致問題無法避免地升級擴大。
- 它讓孩子不必面對自己行為自然或合理的後果。
- 行為與懲罰之間缺乏關聯時，孩子一點都學不到這項行為不適當的原因。
- 懲罰阻礙了健康的罪惡感出現，把孩子的注意力轉移到對於父母的負面情感，如不公平、憤怒、恐懼……等等。
- 懲罰讓孩子羞愧，因而更加阻礙了罪惡感讓人意識到自己

錯誤行為的良性過程，卻促進了作為人的不良感受。

● 懲罰造成的情緒會刺激壓力迴路，阻礙孩子反思他所做的事。沒錯，記憶會運作，但孩子會記住壓力、對父母的恐懼，而不是導致懲罰的行為。懲罰只會教孩子害怕警察，而不是責任感和自律。

● 懲罰產生的恐懼和羞愧會抑制大腦較高層次的功能，這會影響智力表現、情感生活與社會化。

● 父母會漸漸失去權威，一方面是因為孩子會以「我不在乎」來保護自己免於不悅的感受，另一方面，因為懲罰在中、長程來說缺乏效果，所以必須變得越來越嚴厲。懲罰並不是父母權威的展現。我們懲罰是因為缺乏權威！父母行使一種天然的權威。如果這份權威被認可，就沒必要表現得專制。

● 父母因為控制不了局面和無能為力而懲罰。孩子感受得到，並失去對父母的信任。這會讓他感到不安全，而這份不安全感會以更多的偏差行為來展現。

⊙ 吼叫

爸爸，你大吼的時候我嚇壞了。那讓我全身發冷。我會發抖。之後，我還會繼續發抖很久，有時候是一輩子。

數個世紀以來，我們都用恐懼來強迫孩子屈服。

如今我們知道，在兒童時期反覆啟動由恐懼所引發的大腦警戒，可能會在之後引起焦慮症。已經有許多自然的狀況會令人感到害怕，不需要再增加了。

⊙貶低、評價、貼標籤

笨手笨腳、愛生氣、害羞、笨拙或黏人精……在評價孩子時，你引發了他體內的壓力反應。

面對相似的情況，他的大腦杏仁核會啟動同樣的神經元迴路……而你的評價會像命令一樣，在大腦中公告「沒用」、「笨手笨腳」……等，抑制了孩子的能力。被侮辱定義後，孩子會去服從這項定義，一生都將去吻合它。

這稱為預言的自動實現或「畢馬龍效應」[11]。

11 由羅森塔爾（Rosenthal）進行的第一項實驗證明，學生的期待會影響實驗室中的老鼠。而羅森塔爾和賈克布森（Jacobson）的另一項實驗則證明，教師的期待不僅會影響學生的學業成績，也會影響分別測試的智商。

怎麼這麼
笨手笨腳！

之後……
呃……我要自己裝嗎……
萬一我打破了……
我笨手笨腳的！

⊙ 打、賞耳光、打屁股

打、撞、賞耳光、打屁股、拉耳朵、輕打……這些行為讓父母感到舒暢，他們就這樣擺脫了緊張，也覺得自己做了什麼，所以不再無能為力。

但除此之外，這些不只沒有用，更是有害的：

- 打孩子教導的是打人是一種解決問題的方法，而且還是父母建議的！
- 它們或許能在短期內中斷孩子的行為，但中、長程來說，它們是無效的，也因此，如果父母堅持這個路線，很可能會升級為暴力。
- 為了保護自己，孩子會自我防備：「根本不痛」。這種無感將會在往後為他帶來問題（尤其會提高交通意外的風險。[12]）
- 體罰凍結了自然的情緒發展。
- 孩子被羞辱，感到羞恥。他感覺自己被貶低、覺

得一切都是他的錯、覺得糟糕，這改變了他對自己和對自己能力的信心。他體驗到被放棄、被排斥、被拒絕的感受，他像毫無價值一樣的活著。

- 他在心中累積恐懼和怒氣，這些很可能在日後以對他人施暴的症狀重新出現，對象是學校的朋友，而後是所有他能佔上風的人，特別是他的孩子，或是會以身心疾病或反覆失敗的形態反過來損及他自己。
- 即使成年了，恐懼還是隨時準備好重新浮現。因為自信心低落，他會試著適應，而不是質疑事情，他會順從地屈服於所有權威。或者，相反地，他會以力量來取得對別人的控制，因為這是他學到的。
- 體罰阻礙了社會化。他人會被感受為潛在的危險，孩子（和成年以後）會在身體上和／或情感上疏遠他人。
- 體罰為參照的依據帶來了混淆。要如何理解說愛你的人卻打你？在孩子的頭腦中，愛與羞辱彼此結合，這對他未來的愛情關係完全不是好兆頭。

12 在賈克琳・科內（Jacqueline Cornet）的著作 *Faut-il battre les enfants ?*（該打孩子嗎？）書中有論述。

根本不會痛！

我再也不存在了，我因為恐懼而僵硬，我向內心最深處退縮，我覺得好糟糕。

救命啊！沒有人來？

我想要消失到小洞中。

你為什麼這樣對我？……

你為什麼這樣打我？我一定就是「惡」的化身……

我得隱瞞這件事。

⊙ 孤立、暫停、「time-out」（暫時隔離）

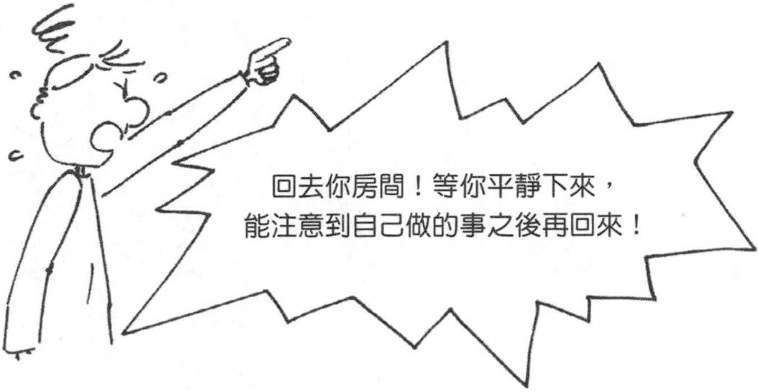
回去你房間！等你平靜下來，
能注意到自己做的事之後再回來！

這不公平。而且，我不知道在房間裡要做什麼。有這種感覺（憤怒）很不舒服，我很糟糕！

孩子的「暫時隔離」能讓大人平靜下來，重新控制自己的情緒，但如果進一步用疏遠、甚至驅逐的做法，其實沒有教育效果。

被情緒淹沒的孩子無法集中精神，思考讓他做出這些行為的原因。比較有教育效果的做法是為我們的需求負責，告訴他「我要到我房間待幾分鐘冷靜一下，我們之後再談」。

要到青春期，從十二歲開始，當孩子能夠充分地把注意力從自己身上轉移，能分析自己的行為、它們的起因與後果之後，實行「暫時隔離」才有效。

如果你真的堅持這麼做，別忘了，即使是此技巧最熱烈的擁護者都給出明確的指示：時間以「分鐘」為單位，以孩子年齡加一為限。相對的，你也可以讓一切變得合理化。舉例來說，如果孩子的行為讓關係變得不愉快，就停止跟他玩和互動。

讓他自己的界限，像是「現在，我不想再玩了」的想法被尊重，也能讓孩子漸漸學會觀察到自己的行為將造成別人什麼反應。

而且，要孩子回自己的房間可能會有不好的副作用：

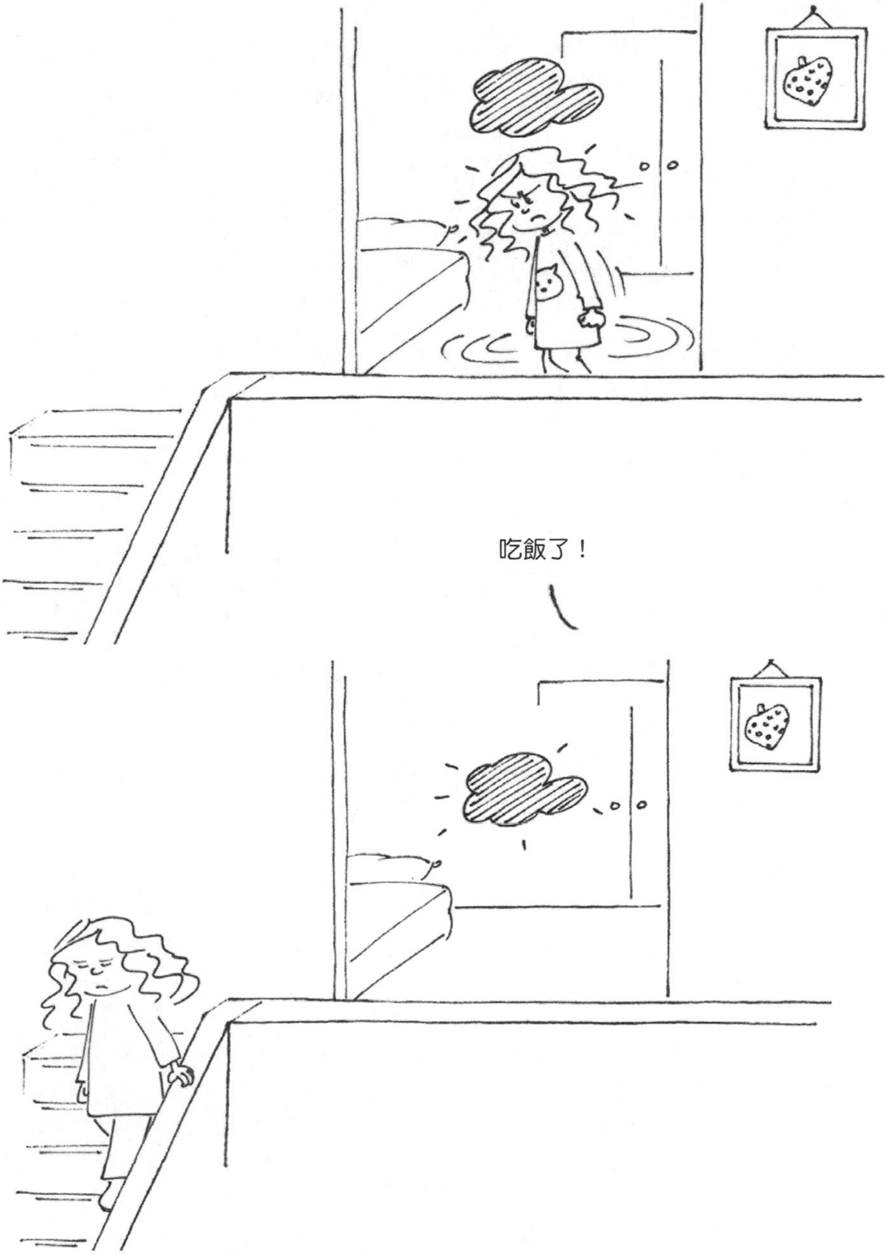
吃飯了！

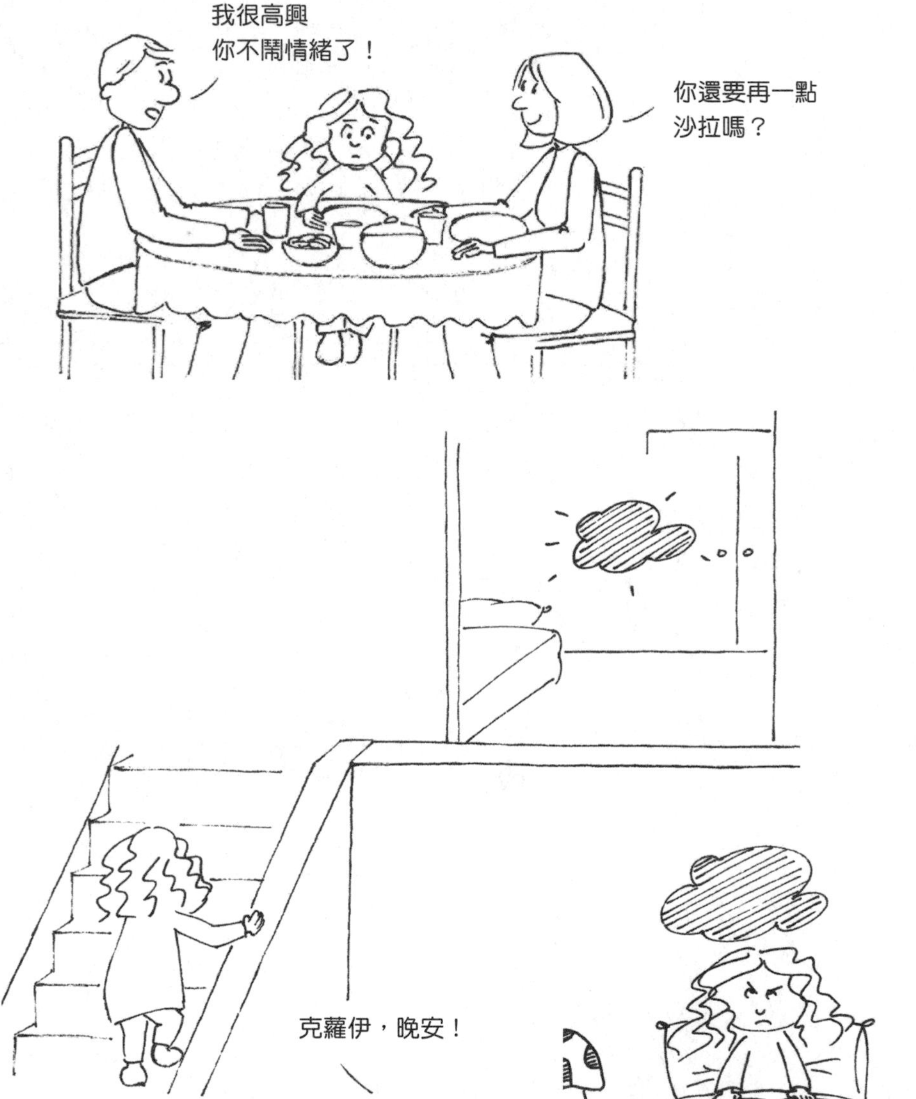
我很高興
你不鬧情緒了！
你還要再一點
沙拉嗎？
克蘿伊，晚安！

我生氣的時候，別讓我一個人面對我黑暗的想法。如果我把那些想法留在房間，我會在睡覺時再次遇到它們……

媽媽，我需要你幫我瞭解我怎麼了。坐在我旁邊，幫我把頭腦裡的煩惱說出來，好讓它們不再令我痛苦。

注意大腦可能做出的連結

我們未必總能意識到我們替孩子大腦帶來的連結。小孩可能每次進電梯就哭，因為他曾經有一次感到害怕或痛苦，而就在那時候，他把地點和情緒連結起來。

⊙ 拒斥

我沒有價值……
我很糟糕……
我沒有存在的權利

拒斥會讓孩子的大腦焦慮。他的杏仁核引發大量的荷爾蒙分泌，讓他困在壓力中。孩子不再處於學習和修復的狀態。

我沒有像你這樣亂來的小孩！
你對我來說不存在了！

⊙ 讓他羞愧

我羞愧又害怕。我不知道要怎麼做才能再讓你愛我。我覺得迷惘，那就像你告訴我說我不是人類一樣。我想我真的很糟糕。

羞愧是一種非常痛苦的情緒，所以每個人都會透過遮掩、謊話或指責別人等方法，盡其所能地逃避。它阻礙了罪惡感的健康運作，也就是意識到自己行為的後果與渴望修補。

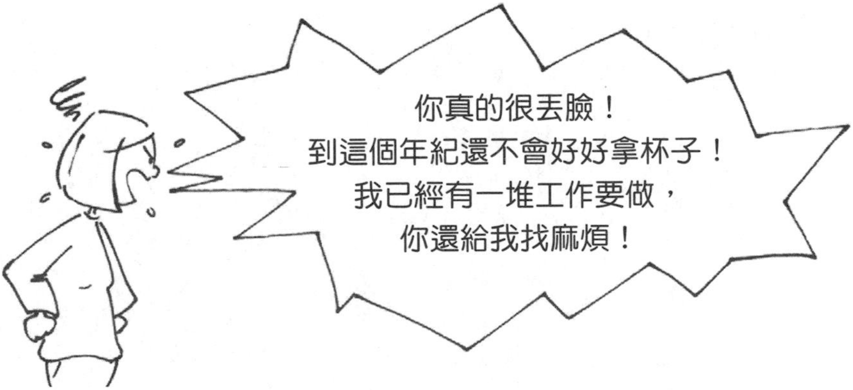
你真的很丟臉！
到這個年紀還不會好好拿杯子！
我已經有一堆工作要做，
你還給我找麻煩！

⊙ 替他找藉口和補救

原諒一切，是沒有教育效果的。抹除後果只會阻礙孩子學習。如果替新生兒處理一切是正常的，當孩子到了能自己做的年紀，允許他自己來是很重要的，否則，就是在告訴他：

- **他做不到。**
- **他的行為沒有後果，所以，他沒有必要注意行為的影響範圍。**
- **其他人都能為他效勞。**

這不太能替他未來的人生帶來幸福。

這也是把他留在慌亂不安與無力感中。他會掩飾這些感覺，因為你會對他微笑。但是，由於他無法品嚐自己補救的自豪感，他會保留痛苦的感受，並把它們封閉在內心深處。

所以，當他做了蠢事時，該如何反應？

思考一下具教育效果的態度：如果未來又發生同樣的事，你希望看到什麼？

我們想看到他起來清理，也就是意識到自身行為的影響，並懂得補救。

面對剛剛發生的事，他感到手足無措、無能為力。

指引他應該要從哪個方向著手，而最重要的，是讓他自己來。

⊙ 自然或合理的後果，修復性的懲處

如果他是能瞭解自己的行為造成了問題的年紀，通常，懲處方式已經出現，那就是把孩子行為自然或合理的後果。它具有教育效果，也是比起懲罰更有建設性的替代方案。因為它能讓孩子衡量自身行為的影響，為此負起責任，並且是教導他恢復關係的途徑。

為了定義教養態度，讓我們來關心一下孩子的感受。孩子跟你一樣，如果你在朋友家打翻了茶杯或酒杯，會感到不安和無力。因此，他需要做些有幫助的事來修復自己造成的混亂，並重建對自己的看法。

父母可以指出應該要依循的步驟，當然，要在不下命令的狀況下，否則會失去這種修補的益處。

杯子打翻在地上了。
我們需要菜瓜布，
流理台上有一塊。

三歲開始，孩子會充滿幹勁地願意去彌補自己所造成的問題。

很顯然的，如果地上有玻璃碎片，父母會拾起碎片，但為什麼孩子不去拿掃把和畚斗呢？如果行為沒有帶來自然的後果，父母可以使用合理的後果。例如：「你把小卡車扔在地上，我要把它拿走。」重要的是要根據孩子的年齡，妥善分配暫時拿走物件的時間：兩歲時，不要超過五分鐘，四歲時，不要超過一小時。

為了幫助孩子成長，最好專注在解決的辦法，而不是問題上。

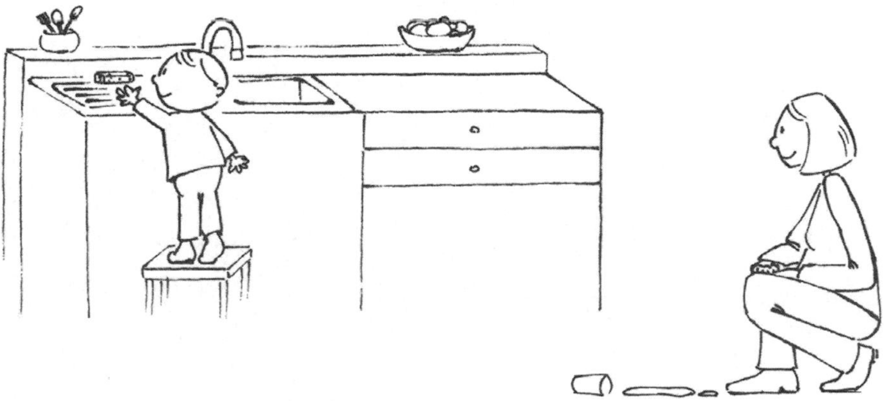

11

孩子間的爭吵

孩子之間衝突的起因多樣而複雜，常被提起的「嫉妒」遠遠不是爭執的主要動機。問「怎麼了？」既沒幫助又有風險。這時，孩子會說出他們認定的真相，而在四歲或四歲之前，真相的概念是很善變的！「誰先開始的？」也是一個陷阱問題，只會讓孩子開始替衝突辯解。通常，真正的理由都不在他們能有意識理解的範圍內。如果為了滿足需求而引起的競爭很容易辨識，但鏡像神經元[13]和家庭內細微的規律互動所引來的緊張關係，自然是他們難以察覺的。衝突可能會在一方成為另一方行事的阻礙、侵犯他的領域時出現。不過，沒安全感，太小或太大的生存空間、懶散或過度刺激都有可能是導火線。有些打架就只是動力的宣洩。

一歲半時，孩子沒有一絲絲傷害他人的意圖，他只是在使用自己的身體能力。兩歲時，他依然還無法有傷人的意圖，但他能處在力量的關係中。咬人會在二到三歲間出現。就算發生在衝突當下，它也並非源於有意識傷害人的計畫。

三歲時，每一次的衝突都是教他一些人際關係技巧的好時機：聆聽他人、有同理心、道歉和修補。他當然不可能把扯掉的頭髮接回去，但他可以做些什麼來修復關係。

選項一：用簡單的「停」打斷，並描述狀況

有時候，父母只需要把情況說出來，孩子就會自我檢視，並開始以不同方式行動。藉由描述狀況，我們促使他們由外來自我檢視，也因此進行了空間上的分離。她們會感興趣！由於她們沒辦法同時思考和打人，如果沒有太投入於爭執當中，她們會自己停止。

選項二：讓孩子思考

交由他們去找解決方法會更好。他們會樂意參與，也可能很有創意！

13 在我們腦中，可以透過鏡像神經元反映外在世界，使我們能夠理解別人的行為及企圖、彼此溝通，並讓我們能透過學習而將生存技能傳承下去。

停！
我看到兩個男生
在搶一輛小卡車。

你們可以找到
什麼讓大家都滿意
的方法嗎？

選項三：提供選擇

如果選項一和二可以接著做，選項三則是另一種做法，適用於年紀比較小，還無法找到辦法和解決問題的孩子。

選項四：進行調解

父母不能偏頗。他要鼓勵每個孩子表達自己（而且不攻擊），然後聆聽對方。為了確定孩子有好好聆聽，重要的是要求他重新說一次，並確定他重述的內容確實反映了對方說的話。

孩子無法意識到對方的體驗。他們開始聆聽後，通常會更願意合作。當然，做法是沒有攻擊，也沒有評價，只有感受和需求的表達。

調解的步驟如下：表達／重述／確認，如果沒有問題，換對方表達／重述／確認，以此類推。

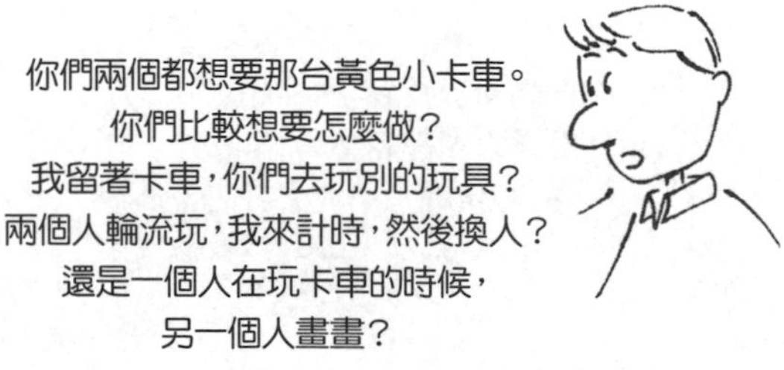
你們兩個都想要那台黃色小卡車。
你們比較想要怎麼做？
我留著卡車，你們去玩別的玩具？
兩個人輪流玩，我來計時，然後換人？
還是一個人在玩卡車的時候，
另一個人畫畫？

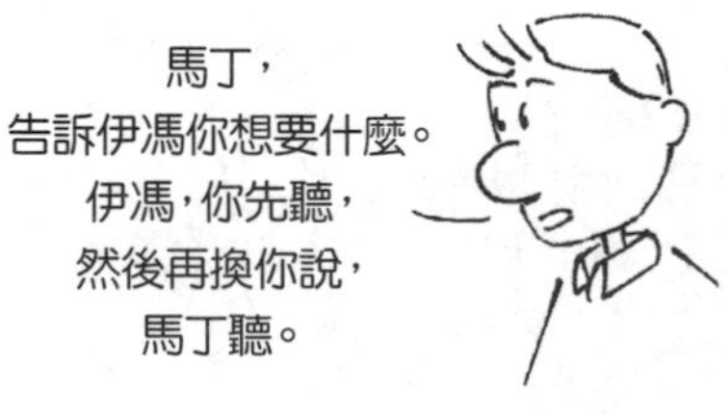
馬丁，
告訴伊馮你想要什麼。
伊馮，你先聽，
然後再換你說，
馬丁聽。

競爭

檢視每個人身上愛的存量永遠都是有幫助的[14]。一個覺得自己不被愛，或不如哥哥被愛的孩子會累積對較受寵者的不滿，引發與後者的許多衝突。不過，嫉妒感遠不如在大人身上那樣深刻地發展。對一個一歲半的幼兒來說，另外一個人對他取得資源造成妨礙，就只是這樣而已。他對他並沒有不懷好意的意圖，他的大腦還無法讓他這麼做。

14 有時候，罪惡感會讓父母無法發現自己在孩子之間偏心。有時候，父母也會因為無法給其中一個孩子一樣多的愛而深感絕望。若想深究原因，並重建親子間的連結，讀者可參考我的舊作《最好的教養，從面對真實自我開始》。

宣洩緊張

這是孩子身上的哺乳類反射造成的，與媽媽缺乏權威或孩子的惡意無關。媽媽不在時，他們累積了壓力；而當安全感的來源終於回家時，他們就將壓力宣洩出來。

當小孩讓人難以忍受時，成人心中的解讀是「她因為我不在而埋怨我」，但這需要的「去集中化能力」是四歲以前不可能做到的。另外，你的孩子在你出現時以爭吵來擺脫他們的緊繃其實是好現象。

然而無論是身體或情感上，當你缺席太久，他們的壓力可能會大到不再將你視為安全感的來源。這時，你的出現甚至會引發他的退縮。與你接觸可能會在她身上引發一場壓力荷爾蒙的風暴，因此，孩子寧可與你保持距離。

我不常在家，但只要我一在家，
他們就利用機會吵架！

她不願意借出東西

這既不是自私，也不是任性，孩子只是剛剛開始探索自己與他人的界線。她還不太能掌握「我、我的、你、你的」之間的差別。她捍衛自己的領土，與自己的玩具產生認同感，不想把玩具留給別人。**但要注意，「這是我的」並不真的如大人所想的，是「擁有」之意。**

一歲半左右，孩子開始替她經常看到一起出現的人與物建立連結。媽媽和她的包包，爸爸和他的電腦……但這不代表她瞭解財產的概念。

兩歲時，孩子很專注在定義她能碰什麼、不能碰什麼。當她拿了朋友的玩具，並說「這是我的」，其實她想說的是「我把玩具拿在手裡，此時此刻，我可以控制這個玩具」。

告訴她「這不是你的，那是澤菲林的玩具」會導致困惑，因為玩具不在澤菲林手上。比較有用的是告訴她「對，現在你手上有小卡車」，並且根據日子，繼續運用一些正向教養的技巧，教導她兩個她需要習得的互補面向：財產和她的權利的含義——「你有權利把玩具留下來，那是你的」——以及失望和承認別人的權利。不過，「每個人輪流」的概念對她來說並沒有那麼簡單，而且需要學習。

每個人輪流

對一個未滿四歲的孩子來說，等著「輪到他」需要付出巨大的努力。他的前額葉尚未充分發育，無法讓他預期和想像未來（即便是很近的未來）。然而，沒有對未來的展望，等著「輪到他」就沒有半點意義！

而且，當朱勒放下小汽車後，凱文已經沒興趣了。現在，他想要朱勒手上的水桶。另一輛小汽車或第二個水桶，就算一模一樣，也無法解決問題。因為實際上，行為比物品更令凱文感興趣。的確，在幼兒期，大腦的模仿系統特別活躍。孩子透過模仿系統，透過這些重要的神經元而得以學習。這些神經元稱為鏡像神經元，因為它們會在你做動作或看別人做這個動作時以同樣方式啟動。看到哥哥行動時，凱文的鏡像神經元受到強烈召喚，他的全身都被拉往模仿。他想的並不是「我想代替哥哥」，是他的身體把他帶向哥哥使用的物品。請衡量一下，面對等著「輪到他」這件事，他必須抑制多麼強烈的衝動，而他大腦中管理抑制的區域甚至還沒真正運作。

「每個人輪流」要等到他近三歲時，才開始有意義。

並不是他不懂每個人都會輪到，他也不是嫉妒，亦不是自私。請避免讓他有罪

惡感，他需要的是協助，好讓他能學習控制自己的腦迴路。在以同理心評論「你真的很想和朱爾玩一樣的東西呢……」之後，這裡有幾個讓他可以估算出自己的等待一定會結束的方法：廚房計時器。「計時器響的時候，就輪到你了！」（優點：孩子能操縱計時器。）一首歌！「每個人玩一首歌的時間」。

你也能藉機教他們情緒與社會能力：「你在等的時候能做什麼？你可以：賭氣、看看你口袋裡有沒有東西可以玩、在附近跳一跳、跑一跑、唱歌、玩彈珠、做些壞事、玩其他的東西、請一個大人幫忙……你想從哪一項開始？想像你做了那件事。如果你做了，你會有什麼感覺？」

⊙地盤之爭

年幼的孩子什麼都摸，也會入侵年長孩子的空間，這是他的天性。年長的孩子難以忍受弟弟或妹妹碰他的東西。一方面，這是因為他們不一定能好好使用這些物品，另一方面，因為他需要讓自己有別於他們。

他們睡在同一個房間？共用一間遊戲室？你可以用家具分隔，或在地上畫一條線，或是以地毯界定出個人的空間。當每個人都有自己的地毯，可以把自己的玩具擺在上面後，衝突就會減少。至少，那些建立在地盤問題上的衝突會減少。

⊙ 抵抗退化

看到弟弟或妹妹時，年長孩子大腦中的鏡像神經元啟動，並操控了同步性。她的身體促使他模仿弟弟妹妹的動作和節奏。但是……這是退化！大孩子抵抗著這股退化的誘惑，並向引發這股誘惑的小嬰兒展現他的攻擊性。哥哥或姊姊非常需要與弟弟或妹妹保持距離。為了能好好標記自己的不同，她不想借出自己的物品。

●他學我！

年幼的孩子對哥哥姊姊有無止境的崇拜。這是無法避免的！哥哥姊姊永遠比較高、比較強、比較聰明……他模仿哥哥姊姊的一切。但是對哥哥姊姊來說，這令人惱怒！

她不想跟朋友玩

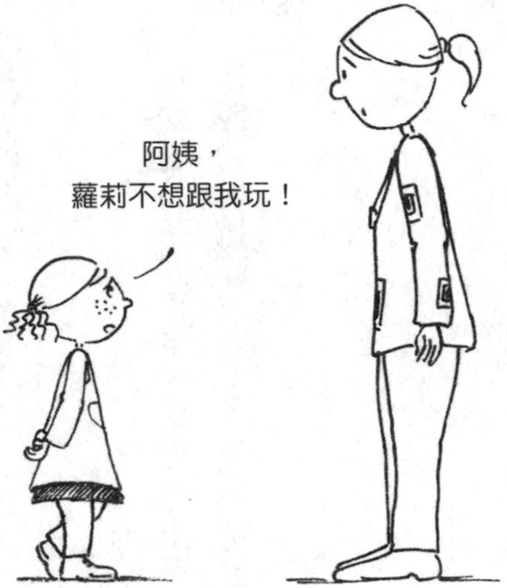
阿姨，
蘿莉不想跟我玩！

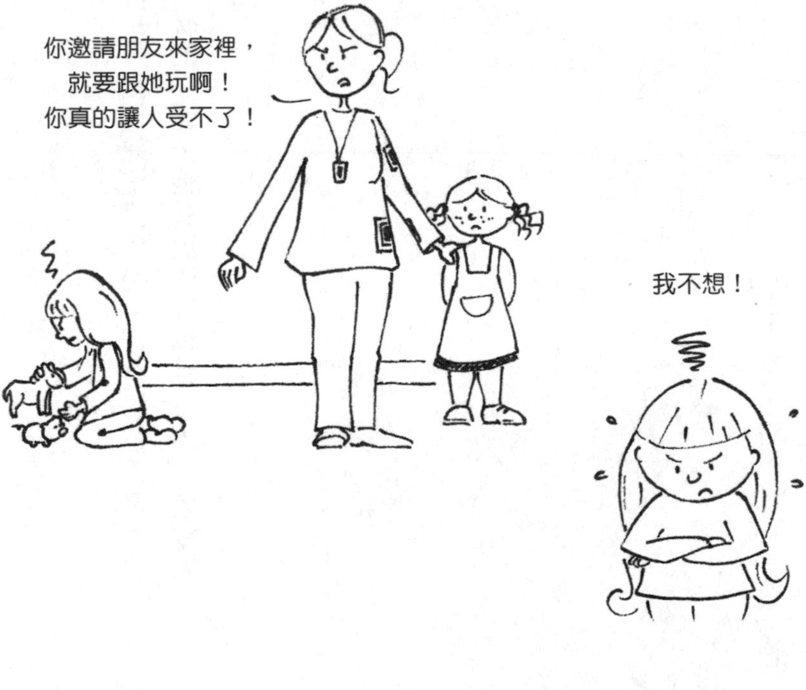
你邀請朋友來家裡，
就要跟她玩啊！
你真的讓人受不了！
我不想！

1 對她描述情境

我看到這裡有一個小女孩
在自己的房間裡玩，
還有另一個被邀請的小女孩……

2 提供資訊

對我們來說顯而易見的事，對孩子來說並非如此。我們也常常忘記孩子還沒有時間觀念。當我們問他們：「你想邀請朋友嗎？」他們未必能想到朋友會到他們的房間，玩他們的玩具。他們答應的是「邀請」，但未必是「跟她一起在自己的房間玩自己的玩具」。

當我們邀請朋友到家裡，
我們要負責任。
如果你能處理這件事，
跟她一起玩可能會比較好。
你覺得呢？

3 讓孩子思考，鼓勵同理心

「如果你被邀請到朋友家，可是她不想跟你玩，你會有什麼感覺？你覺得佐依有什麼感覺？」從孩子三歲起，你就可以試試這個方法，但要到四歲以後，孩子才會真的吸收。

12

依照孩子的年紀

湯姆，你是不是拿我的項鍊？
不是
那這是什麼？你不只偷拿我的項鍊，還不要臉地說謊！無恥的小孩！

湯姆說謊了嗎？

他說謊

三歲之前

三歲之前，孩子還不能理解說謊的概念。對媽媽說「不是」時，湯姆並沒說謊。他無法在腦海中看到項鍊，也還不記得自己的行為。「你是不是拿了我的項鍊」這個問題，在他的耳朵裡，聽起來就像是一道關於你內心狀態的謎題。他會解析媽媽聲音的語調與緊張，這些都在告訴他「不是」。在說「不是」之時，湯姆覺得有了正確答案！而且，孩子已經學會了「不（是）」這個詞，也發現除了用來拒絕，它還能用在更多事情上。

三歲時

他發現了心像，而在他眼中，他腦海裡的事物是真實的。他沒有說謊，他說出他在腦海中看見的。因為他還無法區別外在真實與他的內在真實，他未必能發覺他所敘述的只存在他的腦海中，但你無從感知。

三歲半起

大部分的三歲半、四歲小孩都會說謊。那是謊話嗎？還不是大人認定的那樣。他發現他可以用語言來說一些假的事情，他為此著迷。這是孩子大腦建構必經的過程，他在運用這種能活用腦海中畫面的新能力。沒錯，他在測試，但他測試的不是你的權威。他在測試字詞的力量，以及我們可以用文字來建構真實這項美妙的能力。他隨心所欲地創造世界，而且深信不疑。

在這個年紀，他也會因為擔心、因為害怕你的評價而說謊。

四歲開始

他會用說謊來逃避後果、避免做自己不想做的事，或是規避懲罰。

總而言之，在小孩的頭腦中放入說謊的概念未必適切。

啊啊！我找到了！
它在你的口袋裡！它怎麼跑進去的？
真神祕……我們來找答案？
我覺得呢，是你的眼睛看到項鍊在我的書桌上。
你的手拿了它，把它放到口袋裡。
如果你能監督自己的手，
會比較好。

漸進的學習、整理房間

媽媽，你大吼的時候我會害怕。我看著我的房間，不知道該怎麼辦。我不知道你想要什麼。我不會整理。我希望你教我，而不是讓我害怕。

整理房間常常是衝突的來源。對父母來說，物品應該要收在它們在櫃子中的位置。對孩子來說，它們的位置就在……她擺放它們，而且可以看見它們的地方！

小小孩還無法想像藏在抽屜或衣櫃裡的東西。在太整齊的房間裡，她需要依賴你來選擇遊戲。當她能看見玩具時，她會被其中一件吸引。她不想看到玩具消失。

研究已經證明，不愛整理的人比其他人的智商更高一點！他們是因為不愛整理而變得更聰明，還是反過

來？總之，兩者之間確實存在關聯，這也可以幫助父母抒解壓力。複雜得一分！確實，散落各處的物品提供了視覺刺激，在視線從一件物品轉移到另一件物品，從上看、從下看、從前看、從後看時，大腦會建立連結。

學習，是在混亂中建立秩序……但要建立秩序，就需要混亂。所以，不要強迫他整理，也不要放任……並且，要依照年齡漸進學習：

一歲大，我示範給他看

兩歲大，我提供選擇讓他選

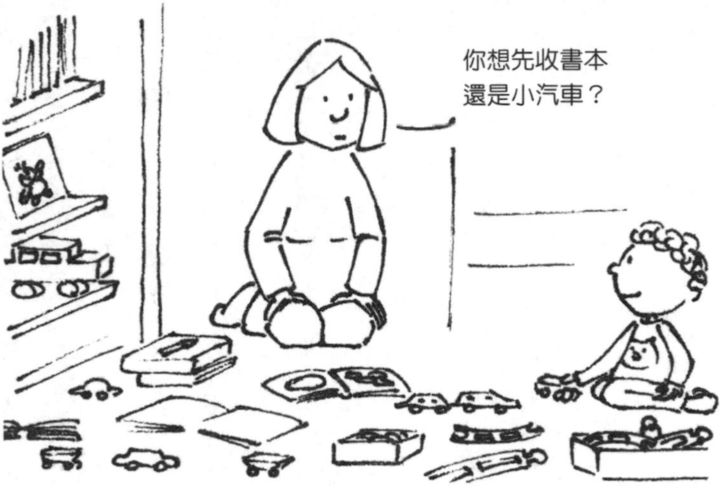
你想先收書本
還是小汽車？

三歲大，我提供協助

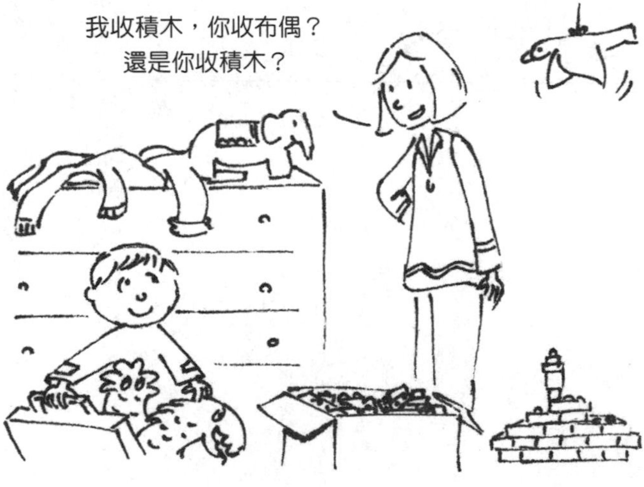
我收積木，你收布偶？
還是你收積木？

四歲時，她可以自己整理。不過，要注意這個年紀的孩子過度旺盛的創造力。孩子看起來長大了，爸爸或媽媽可能會想要丟下孩子幾分鐘……要知道她還無法在大腦中長期保留指令，所以最好一次只下一道指令，明確地引導她的注意力。不是「去整理你的房間」，而是「把所有的書都擺到書架上」。稍後，等你回來時，就可以說「好棒！書都收好了！現在……來收小汽車」等等。

四歲大，一次一道指令

● 該怎麼做？

專制的版本

媽媽，
你很惡劣！！
這孩子
對我不禮貌！
你是壞孩子！
媽媽不愛我！
這個孩子太離譜了！
我明明為他做了一切！

為什麼我的孩子
不愛我？
你知道嗎，
你讓我很痛苦！
我替你做了那麼多！
是我害媽媽傷心！
我是壞媽媽！

以八個步驟來解決問題

1 永遠優先重視親子關係

狀況越困難，填滿愛的庫存就越重要。更何況孩子會令我們惱火。

2 評估每個年齡層的需求和可能性

他永遠比我們預期的長大得更快，他也永遠比我們認為的還要小！父母不可能永遠都命中紅心！是孩子的反抗為我們指示了他們的極限和需求。

3 思考：是誰的問題？

是我的問題嗎？那麼，我要表達我的需求。如果問題在他身上，我就要聆聽。不需要跟自己的孩子在需求上較量。

問題出在孩子身上的例子：

他大叫、罵人、哭、跺腳、晃來晃去……孩子的過分行為反映出他們的困難。因此，問題通常在他們那一方。

問題出在父母身上的例子：一個不想把孩子留在幼稚園，自己去上班的媽媽，可能會把自己的情緒投射在孩子身上。孩子用哭泣來回應媽媽的問題。

4 這些症狀對應了哪個問題？

需要、欠缺或過量的是什麼（生理、生物、情感、心理……等層面的需求）？在孩子的想法中，糾結的是什麼？造成問題的行為就是解答。如果孩子發燒，我們一定會想辦法退燒，但我們知道那是症狀，而找出原因（感染、病毒……）是有幫助的。唯有找出原因，我們才能去找合適的藥。

5 我的目標是什麼？

身為父母，我的目的是什麼？宣洩我的壓力、平衡我的無力感、保護弟弟、確保孩子的人身安全、讓他安心、教他一些事情、彌補他大腦的不成熟、幫他發展前額葉、修復連結……等。

6 提出不同的態度

重要的是不要陷入只有一種態度，也就是只有一種解決方法可行的陷阱中。在這種狀況下，我們會想尋找「正確」的辦法——不對，每種辦法都有其後果。正因此，確定我們的目標是有幫助的。而通往同一個目標，也常常有不同的可能路線。**認為在各種狀況中有一件「正確」的事情要做，這種想法是父母罪惡感的來源。**這種罪惡感既沒幫助又有破壞性。

7 執行選出的態度

一旦被選出來，這項態度就是好的態度。結果未必總會立刻出現，特別是如果我們大幅改變了教養風格。許多正向教養的新能力會有立即的效果，其他的則需要一段潛伏期，而在這段期間，孩子還在警戒。

8 評估結果

當然，當孩子的行為與他的年齡無關，而是問題的表現時，症狀行為是否停止了？是否出現了另一種症狀，另一種表現？

問題在誰身上？「惡劣」是一項評價。而在評價背後，總是帶有傷害或情緒。所以，問題在他身上。那麼問題是什麼？

選項一：我剛剛讓他失望

選項二：我沒令他失望，我找不到立即的引爆點，我從早上開始重新回想這一整天……

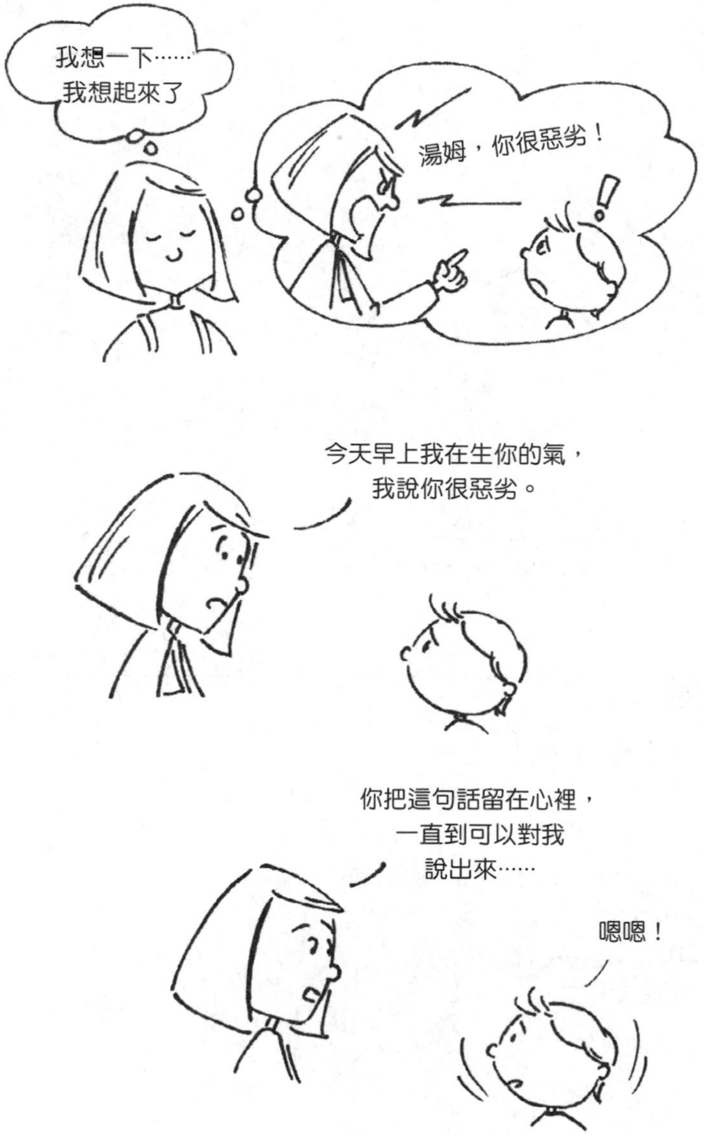

我想一下……
我想起來了
湯姆，你很惡劣！
今天早上我在生你的氣，
我說你很惡劣。
你把這句話留在心裡，
一直到可以對我
說出來……
嗯嗯！

我跟你說你很惡劣的時候，
你心裡有什麼感覺？
我覺得
你不愛我。

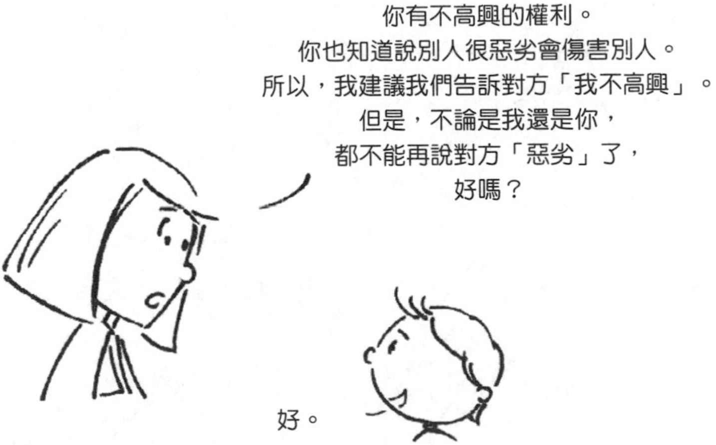
你有不高興的權利。
你也知道說別人很惡劣會傷害別人。
所以，我建議我們告訴對方「我不高興」。
但是，不論是我還是你，
都不能再說對方「惡劣」了，
好嗎？
好。

選項三：我看不到問題，但他知道，雖然他不一定有意識到。所以，我進入聆聽的狀態，並鼓勵他告訴我。

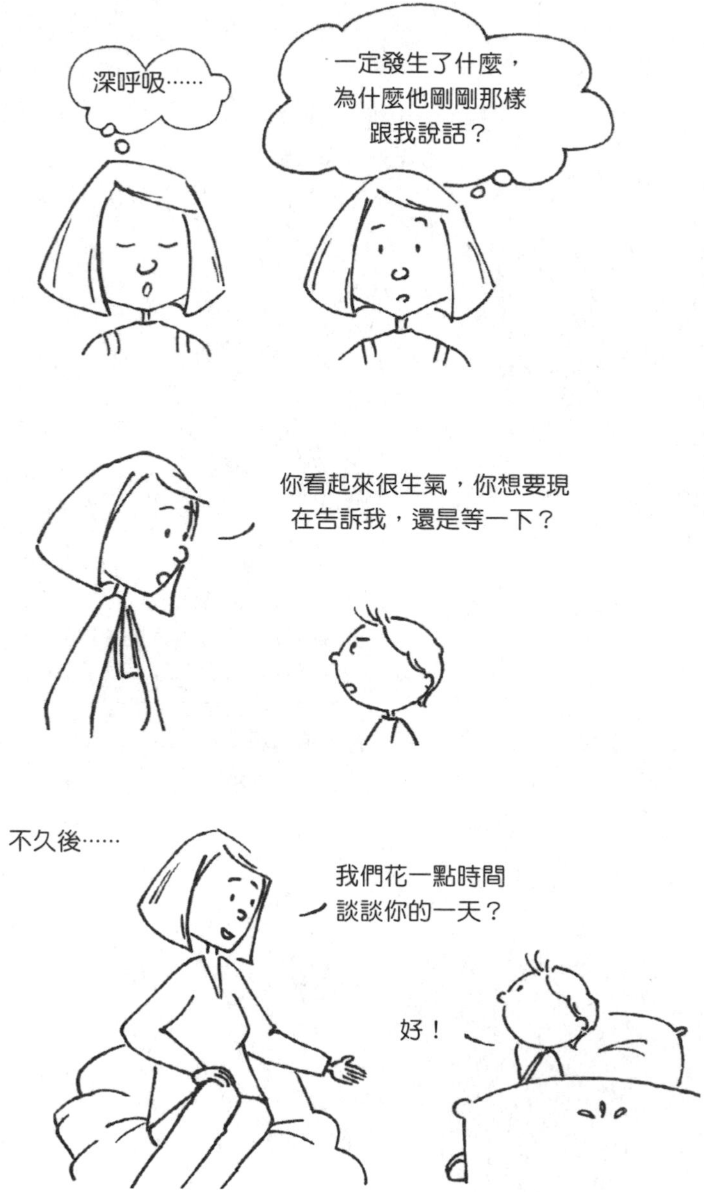
深呼吸……
一定發生了什麼，為什麼他剛剛那樣跟我說話？
你看起來很生氣，你想要現在告訴我，還是等一下？
不久後……
我們花一點時間談談你的一天？
好！

我帶蛋糕回來的時候，
你對我說我很惡劣。
那時候我心想，你看起來好生氣。
什麼事讓你那麼生氣？
是傑瑞米。

不行，
你不能跟我們一起玩。
你太爛了。

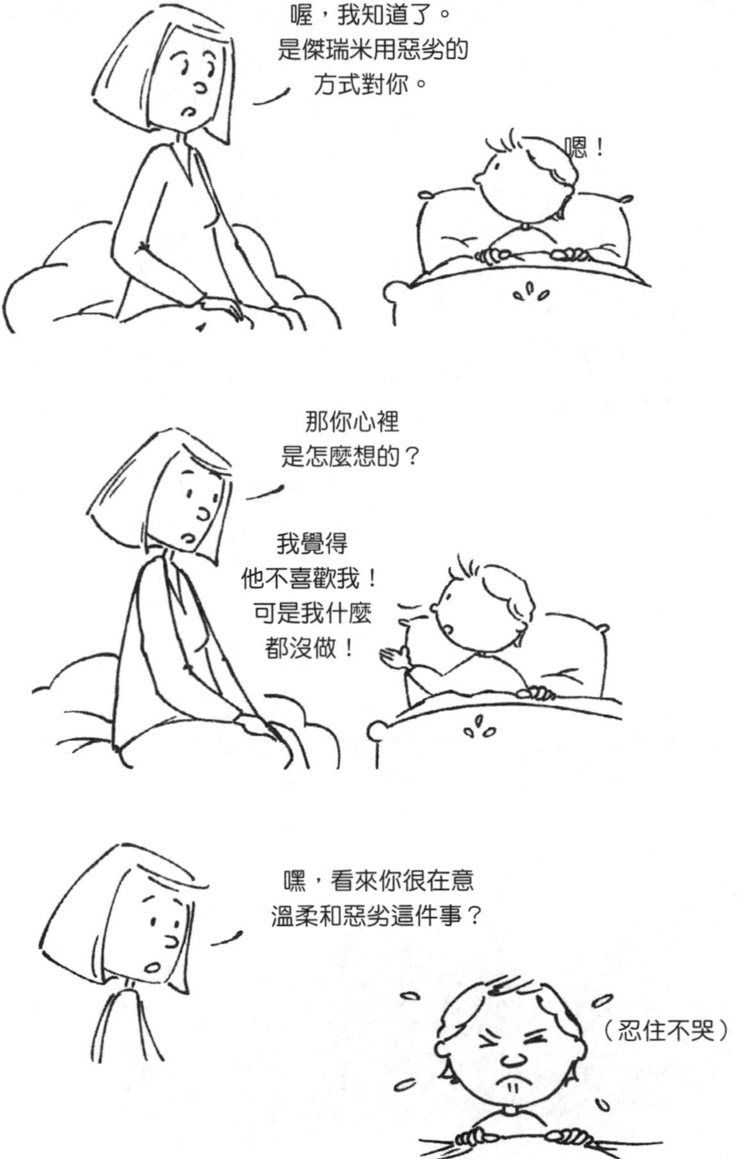
喔，我知道了。
是傑瑞米用惡劣的
方式對你。
嗯！
那你心裡
是怎麼想的？
我覺得
他不喜歡我！
可是我什麼
都沒做！
嘿，看來你很在意
溫柔和惡劣這件事？
（忍住不哭）

●現在的孩子比以前的孩子糟糕？

如果比起以前的孩子，現在的孩子似乎表現出更多的憤怒，這或許是因為他們面對了更大量的刺激、選擇的機會、失望……

以前的孩子不會在超市胡鬧，因為超市並不存在。他們不會在我們關上電視時大叫，因為那時候沒有電視。以前的孩子也不會因為媽媽忘了買他們最愛的穀片而小題大做……因為他們沒有最愛的穀片。另外，媽媽也不會忘記哪盒穀片是對的，因為沒有那盒穀片。那時候沒有那麼多選擇，也沒有那麼多偏愛什麼的機會。

孟加拉小孩或蘇丹小孩必定不會上演這樣的鬧劇，但這不是因為他們比較理智或比較乖。就只是他們沒有吃某個牌子穀片的習慣，也並未面對同樣豐裕的世界而已。

改變的不是孩子，而是他們所處的環境。有時候，我們會忘記孩子並沒有面對這高度刺激性社會的裝備。

我們將他們投入這種環境中，我們的角色更應該是幫助他們管理壓力，讓他們的大腦「強壯」起來，好擷取出資訊，而不是因為他們面對這種環境時的反應懲罰他們。

歸納一下

為了給他們更好的照顧，請照顧好自己。

試著不去控制孩子的行為、想法與情感，並不是很容易。

惱怒的時候，趕快到廁所去！在那裡，我們可以花時間深呼吸，並感受到對孩子的愛重回體內，之後才採取行動。你指責他沒有控制自己？請向他示範控制這個字的意思！

感覺自己能控制情況，或至少能控制自己是很重要的！

CONCLUSION

結論

哇！
哇！
哇！
哇！
哇！哇！
哇！
快讓他能
睡上一整晚吧！

呼！快讓他
能走路吧！

啊！快讓他到
上學的年紀吧！

快讓他能自主吧！
德沛幼兒園

快讓他有
自己的公寓吧！
啪！

房子空蕩蕩的！
一切都發生得好快！

花點時間，好好把握孩子生命中的每個階段。

一切總是發生得太快。

真正要緊做的，從來都只有一件事：

去愛！

其他的事情，到頭來，真的有那麼嚴重嗎？

致謝

我要感謝我的父母：安－瑪莉和雷米。雖然你們並不懂如今對於兒童大腦的知識，但你們知道孩子被懲罰、羞辱和體罰的痛苦，你們非常注意，不讓我遭受這些深深影響你們童年的傷痛。你們給予我的允許型教育讓我敢於獨立思考，讓我能在觀看世界時，注意到要除去評斷和成見的濾鏡。你們不曾讓我感到羞愧或恐懼，也因此證明了一個孩子可以成為一個懂得愛、自主、負責，不吼叫、不懲罰也不打人地參與社會的大人。你們讓我不必與自己的感受與情緒切割，也因此能對他人的痛苦保持敏感。

我要感謝阿努珂，為了我們事先的討論，為了她溫柔而有智慧的插畫，為了她能夠把我腦海中的想法圖像化，以及耐心地一次次重新描繪，只為了找到精準的線條。

我要為了我們深具啟發的對話感謝卡薩琳．格冠（Catherine Gueguen）醫生，也感謝她對本書初版進行具批判性的校閱，和鼓勵我寫近期的科學發現。

我要感謝米榭勒・法博赫（Michele Favre）細心的校閱，以及他表達孩子經驗的敏銳度。

——（本書作者）伊莎貝爾

我要感謝所有讓我有機會向他們學習的孩子。你們的每個笑容都刻在我心中。

我要感謝在我對兒童期的學習過程中陪伴我的每位作者。特別要熱切地感謝艾利斯・米勒（Alice Miller）、阿樂塔・索特（Aletha Solther）、奧利維耶・莫黑（Olivier Maurel）、莫利斯・貝傑（Maurice Berger）、尚－皮耶・賀利爾（Jean-Pierre Relier）、蘇珊・B・羅博－奧弗瑞（Suzanne B. Robert-Ouvray）、波利斯・西盧尼克（Boris Cyrulnik）和伊莎貝爾，她還讓我有機會經歷這趟美好旅程。非常謝謝你。我從你們身上學到很多。

——（本書插畫）阿努珂

我們要感謝安・畢度（Anne Pidoux）對文字和插圖精確的校閱，以及她為了實現你們手中這個複雜作品所花的時間。

當然，要感謝伊莎貝爾・拉馮（Isabelle Laffont）對我們這個計畫的支持與信任。

——（本書作者與插畫）**伊莎貝爾與阿努珂**

國家圖書館出版品預行編目 (CIP) 資料

最好的教養，從正向面對情緒開始：父母最信賴的心理學家，教你如何不打不罵不怒吼，回應 1-5 歲孩子的負面情緒和行為 / 伊莎貝爾．費歐沙 (Isabelle Filliozat) 著；周昭均譯．-- 初版．-- 臺北市：遠流出版事業股份有限公司，2021.08
面；　公分　譯自：J'ai tout essayé
ISBN 978-957-32-9222-7(平裝)

1. 親職教育 2. 親子關係 3. 兒童心理學

528.2　　110011337

最好的教養，從正向面對情緒開始

父母最信賴的心理學家，教你如何不打不罵不怒吼，回應 1-5 歲孩子的負面情緒和行為

作　　者｜伊莎貝爾．費歐沙
譯　　者｜周昭均
副總編輯｜簡伊玲
校　　對｜金文蕙
美術設計｜王瓊瑤

發 行 人｜王榮文
出版發行｜遠流出版事業股份有限公司
地　　址｜104005 台北市中山北路 1 段 11 號 13 樓
客服電話｜02-2571-0297
傳　　真｜02-2571-0197
郵　　撥｜0189456-1
著作權顧問｜蕭雄淋律師
ISBN 978-957-32-9222-7
2021 年 8 月 1 日初版一刷
2024 年 4 月 19 日初版三刷
定　　價｜新台幣 360 元（如有缺頁或破損，請寄回更換）

YLib.com 遠流博識網
http://www.ylib.com
Email: ylib@ylib.com